© Rachel Azzari

Direção editorial
Marcelo Duarte
Patth Pachas
Tatiana Fulas

Coordenação editorial
Vanessa Sayuri Sawada

Assistentes editoriais
Henrique Torres
Laís Cerullo
Guilherme Vasconcelos

Projeto Gráfico
A+ Comunicação

Diagramação e capa
Daniel Argento

Foto de capa
© *Matt Kieffer/ CC BY-SA 2.0*

Colaboração
Shirley Souza
Guilherme Domenichelli

Revisão
Juliana de Araujo Rodrigues
Ivana Teixeira

Impressão
Coan

CIP – BRASIL. CATALOGAÇÃO NA FONTE
SINDICATO NACIONAL DOS EDITORES DE LIVROS, RJ

Azzari, Rachel
Almanaque do fundo do mar/ Rachel Azzari; ilustrações de Cauê Zunchini – São Paulo: Panda Books, 2013. 96 pp.

ISBN: 978-85-7888-145-0

1. Animais marinhos. 2. Oceano. 3. Curiosidades e maravilhas. 4. Almanaques. I. Título.

12-4221	CDD: 591.77
	CDU: 591.52 (26.02)

2023
Todos os direitos reservados à Panda Books.
Um selo da Editora Original Ltda.
Rua Henrique Schaumann, 286, cj. 41
05413-010 – São Paulo – SP
Tel./Fax: (11) 3088-8444
edoriginal@pandabooks.com.br
www.pandabooks.com.br
Visite nosso Facebook, Instagram e Twitter.

Nenhuma parte desta publicação poderá ser reproduzida por qualquer meio ou forma sem a prévia autorização da Editora Original Ltda. A violação dos direitos autorais é crime estabelecido na Lei nº 9.610/98 e punido pelo artigo 184 do Código Penal.

A todas as pessoas que de alguma forma contribuíram para tornar este sonho realidade; que essa felicidade seja com elas compartilhada.

SUMÁRIO

COMO SE ESTUDA O FUNDO DO MAR? • 6

SUPERFÍCIE • 10

- Baleia • 11
- Craca • 14
- Coral • 15
- Foca • 17
- Golfinho • 19
- Iguana-marinha • 22

MEIO DA COLUNA D'ÁGUA • 40

- Água-viva • 41
- Arraia • 44
- Atum • 47
- Bacalhau • 48
- Baiacu • 49
- Barracuda • 50

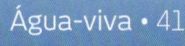     

FUNDO DO MAR • 62

- Camarão • 63
- Caramujo • 65
- Cavalo-marinho • 67
- Enguia • 68
- Esponja • 69
- Estrela-do-mar • 71
- Garoupa • 74

ZONA ABISSAL • 89

- Ctenóforos • 90
- Lula-gigante • 90
- Peixe-dragão • 91
- Peixe-fita • 91

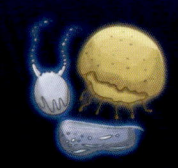   

Lobo-marinho • 24
Lontra-marinha • 26
Morsa • 28
Pinguim • 30
Plâncton • 32
Siri • 34
Tartaruga • 36

Corvina • 51
Krill • 52
Meca • 53
Peixe-anjo • 54
Peixe-espada • 55
Salmão • 56
Sardinha • 57
Tubarão • 58

Lagosta • 76
Linguado • 78
Ostra • 79
Ouriço-do-mar • 80
Peixe-leão • 82
Peixe-palhaço • 84
Polvo • 86

Peixe-víbora • 91
Polvo-dumbo • 92
Quimera • 92

COMO PODEMOS AJUDAR? • 93 •

A AUTORA • 95 •

COMO SE ESTUDA O FUNDO DO MAR?

A fonte da vida

O mar sempre foi conhecido por fornecer alimento e por ser um tanto misterioso. Ao longo de nossa existência, exploramos o mar de diferentes maneiras. Foram criados vários tipos de embarcações e equipamentos inusitados para que fosse possível conhecer um pouco mais da vida na água.

Há relatos do filósofo Aristóteles (384-322 a.C.) sobre uma espécie de caixa oca, em formato de sino, conhecida como Lebeta, utilizada para ver a vida marinha primitiva embaixo da água.

É como se pudéssemos entrar no mar vestindo um balde. A Lebeta, quando submersa, mantém um pouco de ar em seu interior. Assim, apesar de o corpo estar submerso, a cabeça ficaria na área em que há ar.

Reprodução da Lebeta, o sino de mergulho de Aristóteles.

© Chris Murphy/ CC BY-ND 2.0

Na praia

O estudo das espécies marinhas começa nas praias, nos costões rochosos e nos recifes de coral, além de ser possível observar alguns animais em piscinas naturais e em lagoas formadas pelo movimento das marés. Na maré cheia, a água ocupa espaços nas rochas e nos buracos na areia, formando pequenos lagos onde entram peixes e outros animais. Quando a maré baixa, os animais permanecem nesses lagos, podendo ser observados.

Os pesquisadores, principalmente biólogos marinhos e oceanógrafos, conseguem assistir aos animais se movimentando, se alimentando, e estudar a relação entre os seres no grupo e a interação entre as diferentes espécies. Alguns animais podem ser coletados para serem analisados, e assim podemos descobrir seus hábitos alimentares, descrever suas características anatômicas e morfológicas e estudar seu DNA.

Você sabia?

O fundo do mar é muito silencioso. O som ouvido pelo mergulhador é o de sua própria respiração e o som das bolhas de ar ou da água se deslocando quando ele se movimenta. Às vezes, também é possível escutar alguns animais como os golfinhos, que emitem sons que podem ser ouvidos mesmo debaixo d'água.

Vamos mergulhar?

Para estudar o que acontece sob a água, os pesquisadores podem mergulhar a alguns metros de profundidade, onde é possível ver como os animais se deslocam e buscam alimentos na água. Com cilindros de ar, pode-se chegar com segurança a cerca de quarenta metros de profundidade.

O estudo dos oceanos também envolve conhecer as características e condições da água, como a salinidade, a temperatura e a turbidez (o grau de transparência), além da análise da profundidade, do formato do fundo do mar e das marés. A pesquisa sobre as condições da água também pode buscar por substâncias estranhas, como a concentração de poluentes em determinada região.

> Algumas características dos oceanos podem ser medidas por meio de satélites, que ficam fora do planeta!

Submarinos de pesquisa

Para conhecer as regiões mais profundas, que representam cerca de dois terços da extensão do planeta e quase a totalidade dos oceanos, os pesquisadores usam pequenos submarinos tripulados ou operados por controle remoto. As águas profundas nas regiões tropicais, como no Brasil, são os locais com a maior chance de se encontrar espécies desconhecidas.

A pesquisa nesses submarinos permitiu descobrir coisas incríveis, como os animais das zonas abissais e os bancos de corais. Mas, como esse aparato é bem caro, poucos países conseguem explorar o fundo do mar.

Principais ameaças

Como os oceanos cercam os continentes, acabam sendo bastante influenciados pelo que acontece em terra firme. O ser humano gera diferentes substâncias e materiais que, ao serem descartados no meio ambiente, prejudicam bastante a vida marinha:

- O esgoto muitas vezes é lançado ao mar sem tratamento. Esse tipo de poluente é produzido em grande quantidade e afeta a qualidade da água do mar.

> Em 2010, foi instalada uma base submarina no litoral da Flórida, nos Estados Unidos. O laboratório Aquarius permite que até seis pesquisadores permaneçam a vinte metros de profundidade para estudar o fundo do mar sem voltar à terra por cerca de 15 dias!

> O esgoto tem origem em nossas casas e nos banheiros dos locais que frequentamos. É toda a água que vem dos ralos da casa, como os do banheiro, da pia da cozinha, do tanque e dos vasos sanitários.

- As substâncias químicas, os materiais radioativos, os metais pesados e outros dejetos, provenientes de processos industriais, podem causar a morte de animais e sérios desequilíbrios no meio ambiente marinho.
- No mar há todo tipo de resíduo, como os que são atirados de barcos e navios ou depositados na areia pelos frequentadores das praias, que acabam indo parar na água pelo movimento das marés. Mesmo o lixo das cidades pode chegar ao mar quando levado pelo vento, pelas galerias de chuva e pelos rios poluídos que deságuam nele. Diferentes objetos – especialmente materiais plásticos, que não são decompostos por nenhum ser vivo – acumulam-se no fundo dos oceanos, interferindo no hábitat e na qualidade de vida dos animais marinhos.

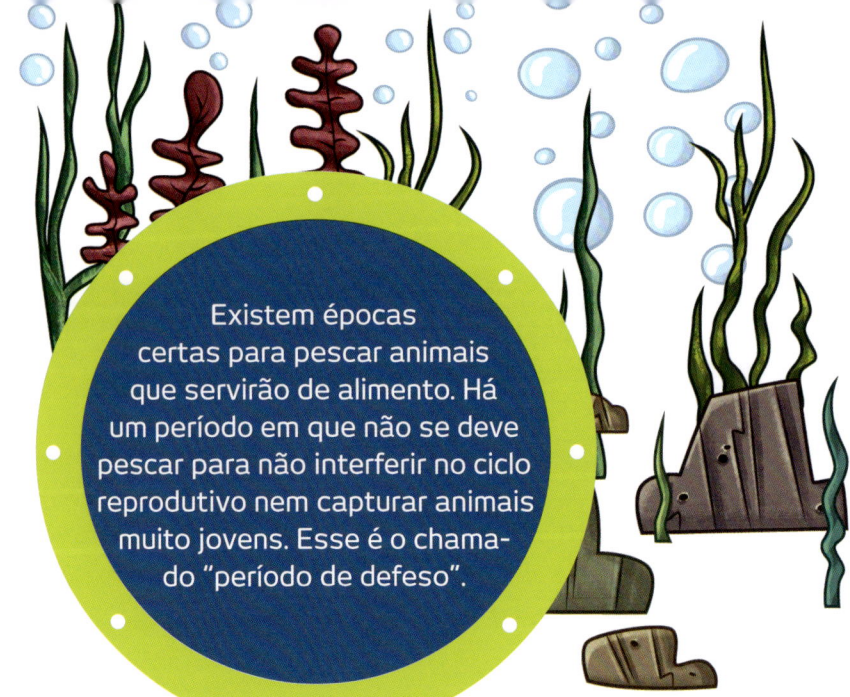

Existem épocas certas para pescar animais que servirão de alimento. Há um período em que não se deve pescar para não interferir no ciclo reprodutivo nem capturar animais muito jovens. Esse é o chamado "período de defeso".

Você sabia?

No meio do oceano Pacífico existe uma ilha formada por toneladas de embalagens, sacolas, garrafas plásticas e outros resíduos, e apesar de não se saber ao certo o tamanho dela, calcula-se que a ilha possa ter a área igual ao de um país como os Estados Unidos. Os materiais, empurrados pelas correntes marítimas, foram se acumulando com o tempo. Estima-se que a maioria desses materiais tenha vindo dos continentes e que uma parte disso tenha sido atirada de navios.

Mais ameaças

Além da poluição, a pesca predatória, especialmente a pesca de arrasto, ameaça a vida no mar. A pesca de arrasto tem sido realizada em profundidades cada vez maiores, causando grande impacto já que, além de capturar diversas espécies que não serão comercializadas, a rede, ao ser arrastada no fundo do mar, destrói bancos de corais e as formas de vida que vivem ou dependem deles.

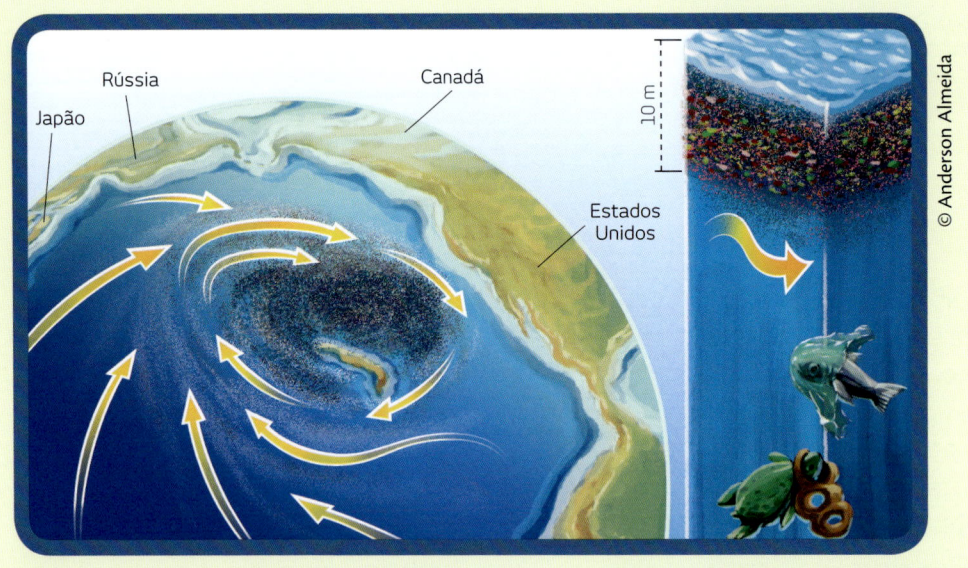

As correntes marítimas acabam concentrando grande quantidade de resíduos que flutuam pelo oceano, formando ilhas de lixo.

ÚLTIMA CHAMADA PARA EMBARCAR!

Nas próximas páginas, você vai conhecer diversas espécies marinhas: como elas vivem, do que se alimentam e como podemos protegê-las.

Para explorar o mundo marinho, os instrumentos do nosso submarino trazem algumas informações sobre o mar e indicam suas principais medições: profundidade, temperatura e pressão.

Profundidade

- Indica a distância entre a superfície e o fundo do mar. Alguns fatores, como a luminosidade e a quantidade de oxigênio, variam de acordo com a profundidade. A incidência da luz nos oceanos atinge somente as camadas mais superficiais.

- A luz penetra cerca de sete metros nas regiões costeiras a até aproximadamente 150 metros nas águas oceânicas mais claras. Quanto maior a profundidade, mais escuro fica, mesmo durante o dia, e não há luz alguma abaixo de mil metros de profundidade.

- Não há muito oxigênio na água do mar, pois ele é um gás pouco solúvel em água. Nas camadas superiores ele está em maior quantidade, acumulado pela fotossíntese realizada pelos vegetais e fitoplânctons e pela dissolução do oxigênio do ar na água do mar.

Temperatura

A temperatura tem grande importância no estudo dos oceanos, pois varia de acordo com a região do planeta, e também é diferente de acordo com a profundidade. A temperatura é mais quente na superfície da água e nas regiões entre a linha do equador e as regiões tropicais, por causa do sol que incide mais intensamente. A partir de quinhentos até mil metros de profundidade, a temperatura diminui bruscamente, podendo chegar a apenas 1 °C abaixo de 4 mil metros.

Pressão

Esta medida se refere ao peso que a coluna de água exerce nos seres marinhos. Quanto maior a profundidade, maior é a pressão da água. A pressão da atmosfera (ATM) significa o peso de um quilograma a cada centímetro quadrado suportado pelos organismos vivos. Quanto mais profunda a região do mar, maior será a pressão.

Você sabia?

A água do mar é salgada porque nela existem sais formados a partir de íons que se soltaram das rochas ao longo de milhões de anos. O principal deles é o cloreto de sódio, o mesmo que usamos na cozinha. A salinidade indica quantos gramas de sal existem em um quilo de água, o que varia conforme a região do globo e a profundidade.

Agora que você já sabe como ler os instrumentos, embarque em nosso submarino e divirta-se nesta aventura pelo fundo do mar!

BALEIA

Havia muito tempo...

- Muito tempo atrás, os ancestrais das baleias tinham quatro patas e andavam na terra.
- Quando as baleias foram para o mar, suas patas se transformaram em nadadeiras. Mas elas continuaram a respirar igual a nós, por isso precisam pegar ar fora da água.

Jubarte, a baleia acrobata

- A baleia jubarte é famosa por ser bastante dócil e fazer acrobacias incríveis.
- Para saltar para fora da água e erguer seu corpo grande e pesado, a jubarte usa suas poderosas nadadeiras, que podem ter mais de cinco metros de comprimento. Ela também é chamada de baleia-corcunda porque tem uma corcova nas costas, que fica bem evidente quando mergulha.
- Quando adulta, a jubarte pesa de 35 a quarenta toneladas, mede até 16 metros e pode viver até os cinquenta anos de idade.
- A baleia jubarte vive em todos os oceanos. Ela migra durante o ano em busca de comida e de um lugar para ter seus filhotes.

As baleias jubarte podem ser vistas no litoral brasileiro, principalmente no sul da Bahia, nos meses de junho e julho, quando buscam águas mais quentes para ter seus filhotes.

Você sabia?

- Quando nasce, o filhote da jubarte mede quatro metros ou mais e pesa de oitocentos a mil quilos!
- É comum existirem cracas na pele das jubartes. Elas usam a baleia como forma de locomoção e suas cascas afiadas acabam se tornando uma arma de combate usada pela baleia.
- A baleia jubarte tem um jeito diferente de se alimentar. Ela mergulha e fica embaixo do cardume de krill ou de pequenos peixes. Aí, solta o ar e faz pequenas bolhas na água, que acabam prendendo o cardume como se fossem uma rede. Assim fica bem mais fácil para a baleia capturar sua comida.

Conversa embaixo d'água

- As baleias escutam muito bem: o som emitido por uma baleia pode ser ouvido por outra a quilômetros de distância!
- Elas se comunicam emitindo sons, que servem para identificar sua posição, dos objetos e da comida, assim como fazem os golfinhos. Algumas espécies, como a jubarte, emitem sons de um jeito que parecem estar cantando.

Mamãe cuidadosa

- Os filhotes de baleia mamam até completar de seis a dez meses de vida.
- O bebê baleia precisa ser protegido por sua mãe, principalmente do ataque de tubarões. A mamãe baleia não sai de perto de seu filhote até ele ficar bem grande e poder se defender.
- Em algumas espécies, os filhotes só saem do lado da mãe para brincar depois de um ano de vida.

Gigante dos mares

- As baleias são parentes dos golfinhos e dos botos. Elas são mamíferos como eles e como nós.
- Existem aproximadamente quarenta espécies de baleias, a maioria com mais de quatro metros de comprimento.
- As baleias possuem uma grossa camada de gordura que protege seu corpo do frio e ajuda na flutuação.
- Uma baleia costuma viver mais ou menos trinta anos, mas já existiram baleias que chegaram aos cinquenta.

Hora do lanche

Engolindo tudo!

- As baleias têm uma boca enorme, mas não conseguem engolir comida que tenha um tamanho grande. É por esse motivo que a maioria delas come coisas bem pequenas, como peixes minúsculos, krill e plâncton.
- Elas enchem a boca de água e filtram sua comida deixando a água escoar. Então a comida fica presa numa rede de barbatanas que elas têm na boca, algo parecido com nossos dentes, mas que não servem para mastigar.
- Também existem baleias que possuem dentes como os nossos, mordem e mastigam sua comida. Elas caçam como o tubarão. Uma dessas baleias é a cachalote.

A baleia-azul está ameaçada de extinção. Ela foi muito caçada e, desde 1966, é protegida ao redor do mundo. Atualmente, sua principal ameaça é o aquecimento global.

A gigante baleia-azul

- A baleia-azul é o maior animal de todo o planeta Terra. Ela atinge mais de trinta metros de comprimento e pode pesar mais de 130 mil quilos!

- Ela vive em todo o mar e faz migrações ao longo do ano, fugindo para águas mais quentes e procurando comida. Chega a devorar 3 mil quilos por dia!

- Um filhote de baleia-azul toma 189 litros de leite por dia. Quando nasce, esse bebê tem sete metros de comprimento e pesa mais de 2 mil quilos!

Que fôlego!

- As baleias conseguem prender a respiração por mais de vinte minutos embaixo da água. A cachalote é a baleia com o mergulho mais profundo! Ela consegue ficar de trinta a 45 minutos submersa.

- No alto da cabeça das baleias fica o orifício respiratório, que é como as nossas narinas. O orifício fica fechado enquanto a baleia está embaixo d'água. Quando ela volta para a superfície, ele se abre e libera o ar, com força.

- O que sai pelo alto da cabeça de uma baleia não é água do mar. É vapor d'água misturado ao ar quente produzido pela respiração, que sai dos pulmões e se condensa na forma de água quando entra em contato com o ar mais frio. Esses jatos chegam a ter seis metros de altura e o formato varia de espécie para espécie!

S.O.S. baleias

- Desde 1987, a caça de baleias é proibida na maioria dos países, inclusive no Brasil. Mesmo assim, elas ainda continuam sendo perseguidas.

- Várias baleias correm risco de extinção. Pelo menos vinte das quarenta espécies de baleias que existem já são raras. Entre elas a baleia jubarte e a franca.

- Além da caça, as baleias precisam enfrentar a poluição e a presença humana em lugares onde elas costumavam se alimentar ou ter os seus bebês.

Você sabia?

- Os peixes mexem a cauda de um lado para o outro com o intuito de se deslocar para a frente. Já as baleias e os golfinhos fazem isso dobrando a cauda para cima e para baixo. Se querem ir para a direita ou para a esquerda, inclinam as nadadeiras, igual a um avião.

- Sete espécies de baleias costumam aparecer nas águas de nosso país: jubarte, bryde, minke, sei, fin, franca- -do-sul e azul.

CRACA

Multiplicação

- A craca é um crustáceo, parente do marisco, do camarão, do caranguejo e do krill.
- A maioria das cracas possui os sistemas reprodutivos masculino e feminino ao mesmo tempo.
- Para se reproduzir, as cracas não precisam de um parceiro, elas conseguem se autofecundar.
- Após a fecundação, os filhotinhos saem dos ovos depois de quatro meses e já procuram um lugar para se fixar.

Gruda e corta

- Elas conseguem grudar em vários locais, como conchas, rochas, corais, baleias, tartarugas, lagostas, caranguejos, peixes, entre outras várias superfícies, pois fabricam uma substância muito resistente, parecida com cimento.
- As espécies de cracas que vivem grudadas em rochas precisam de estratégias para não se desidratar. Elas se fecham dentro das conchas para impedir a perda de água.
- A craca adulta parece um pequeno vulcão por fora: é como um camarão que vive fechado dentro de uma casca dura, aberta na parte de cima.
- A casca das cracas é bem dura e pontiaguda, podendo provocar cortes e arranhões.

As cracas podem se fixar nas baleias jubarte. Elas não machucam as baleias, apenas dividem o plâncton quando se alimentam.

Hora do lanche

Pescaria

As cracas se alimentam de zooplâncton, larvas de crustáceos, ovos de peixe e outros microrganismos que circulam na água perto delas. Para capturá-los, elas balançam os cirros, que são patas bem modificadas, pela abertura de sua casca.

CORAL

Os corais não são naturalmente coloridos. O que dá cor a eles é uma pequena alga chamada zooxantela, que se desenvolve sobre seus corpos.

É pedra ou é bicho?

- Os corais são parentes das anêmonas e das medusas. Mesmo parecendo mais uma pedra ou até uma planta, eles são animais marinhos invertebrados, ou seja, animais sem ossos.

- Existem corais por todo o oceano, mas a poluição e o aquecimento da água do mar vêm ameaçando a vida deles em muitas regiões.

- Os corais podem viver sozinhos ou em colônias. Quando formam uma colônia, chegam a se unir aos milhares, grudando uns nos outros e construindo o que chamamos de recifes de coral.

- Os recifes de coral são estruturas bem sólidas e vão crescendo em cima dos restos de corais antigos.

- Os corais existem há 500 milhões de anos e são considerados uma das formas de vida mais antigas do planeta.

- Cada um dos corais que se une para formar o recife é chamado de pólipo. Os pólipos normalmente são pequeninos, não passam de um centímetro de largura.

- Os pólipos são bem parecidos com as anêmonas, com o corpo em forma de tubo e muitos tentáculos, que podem liberar uma substância venenosa, que serve tanto para a defesa quanto para caçar alimentos.

Troca de comida

As algas zooxantelas realizam fotossíntese e liberam substâncias que servem de alimento para o coral, que, por sua vez, elimina resíduos que servem de alimento para as algas, em uma espécie de parceria da natureza conhecida como simbiose. Além disso, os pólipos também comem zooplâncton.

Você sabia?

- Um quilo de recife de coral pode ter mais de 80 mil pólipos!

- Um único recife de coral pode servir de lar para mais de 3 mil espécies diferentes de animais marinhos. Os recifes são um dos mais ricos ecossistemas de todo o planeta.

- No litoral brasileiro há quarenta espécies de corais e vinte delas só são encontradas aqui.

- Os recifes de coral só crescem em águas com mais de 20 °C e não muito profundas. A maioria é encontrada em até trinta metros de profundidade e quase nenhum sobrevive a mais de cem metros.

- O pó de algumas espécies de coral pode ser usado na medicina. Quando pulverizado sobre fraturas, ele ajuda a soldar os ossos sem nenhum perigo de rejeição.

© MISR – NASA/ Governo dos Estados Unidos/ CC0

Classificada como Patrimônio da Humanidade, a Grande Barreira de Coral ocupa a costa nordeste da Austrália. São esses fragmentos azuis visualizados por satélite.

A Grande Barreira de Coral

- A Grande Barreira de Coral australiana é a mais extensa do planeta, com cerca de 2 mil quilômetros de extensão. Ela é tão grande que pode ser vista do espaço!

- Ela tem aproximadamente 500 mil anos de idade, mas infelizmente está ameaçada de desaparecer, devido à poluição e ao intenso turismo de barcos e mergulhadores.

Ataque estelar

- Os corais são atacados por diversas espécies de animais, como moluscos, ouriços, esponjas, anêmonas, peixes-papagaio e, principalmente, estrelas-do-mar.

- Em alguns casos, o ataque das estrelas-do-mar pode ser catastrófico para os corais. Em certos locais do oceano Pacífico, em uma faixa de dois quilômetros, é possível encontrar até 20 mil estrelas-do-mar.

FOCA

De mala pronta!

- No inverno muito intenso as focas migram por até 4 mil quilômetros para procurar comida. A migração acontece todos os anos e elas se guiam pelo vento, pelas correntes marítimas e pelo sol.

- As focas não são ágeis na terra, mas na água atingem grandes velocidades, podendo chegar a vinte quilômetros por hora. Também conseguem mergulhar a uma profundidade de até 270 metros e ficar submersas por 18 minutos.

Sem mastigar

- As focas adoram comer peixes como linguados, arenques e badejos, e gostam também de lulas, camarões e caranguejos.

- Elas praticamente não mastigam o alimento, engolindo-o por sucção.

- Em um ano, as focas comem cerca de oitocentos quilos de alimento.

As focas possuem uma espessa camada de gordura sob a pele, que as ajuda a reter calor em regiões geladas.

O bebê foca nasce em terra firme e logo nas primeiras semanas de vida precisa aprender a nadar com a mamãe.

Para fugir de seu maior predador, o tubarão, a foca nada em zigue-zague para despistá-lo.

Quase extinta

- A espécie de foca mais ameaçada de extinção no mundo é a foca-monge-do-mediterrâneo. O animal é grande: as fêmeas chegam a 2,5 metros e os machos a quatro metros, pesando até quatrocentos quilos.

- As focas-monge-do-mediterrâneo eram bem comuns em todo o mar Mediterrâneo. Devido à caça que ocorreu durante muitos anos para obter couro e gordura, elas ficaram isoladas em algumas poucas regiões protegidas. Hoje só existem cerca de quatrocentas delas.

Foca-da-groenlândia

- A espécie chamada foca-da-groenlândia consegue interromper o desenvolvimento do embrião por até noventa dias, assim é possível prorrogar o nascimento do bebê para uma época com maior disponibilidade de comida.

- A gestação da foca-da-groenlândia pode variar de oito meses e meio a 11 meses e meio. Ela pode procriar com até trinta anos de idade.

Você sabia?

- O leite da mamãe foca é muito gorduroso. No início do aleitamento tem 25% de gordura e, no final do período, chega a 45%. O leite de vaca tem apenas 15%. Isso faz com que o filhote engorde até 2,5 quilos por dia!

- Quando nasce, a foca pesa em média dez quilos e, após nove dias, já está com quarenta quilos!

- Durante muitos anos os bebês focas foram caçados. Sua pelagem branquinha sempre foi cobiçada pela indústria de peles para roupas. Hoje, graças aos ambientalistas, a caça aos filhotes já diminuiu consideravelmente.

GOLFINHO

Os golfinhos usam diferentes expressões vocais e a própria posição do corpo para dar informações ao grupo.

Você sabia?

Os golfinhos dormem por toda a noite, como nós, mas não fecham os olhos. Eles reduzem a atividade do cérebro, deixando uma parte descansando e a outra bem acordada.

Golfinho é peixe?

- Os golfinhos não são peixes. São mamíferos e precisam subir até a superfície para respirar, igual às baleias. Sabe aquele buraquinho que o golfinho tem no alto da cabeça? É por lá que ele respira.
- Os peixes possuem sangue frio, já os golfinhos têm sangue quente, igual a nós.
- Existem 44 espécies de golfinhos em todo o mundo, sendo 39 de água salgada e cinco de água doce, que são mais conhecidos como botos. E, no mesmo grupo dos golfinhos, ainda existem seis espécies de orcas.

Que inteligente!

- Os golfinhos são curiosos, dóceis, gostam de uma boa brincadeira e adoram um carinho! A pele deles é lisa e tão sensível quanto a nossa, podendo se ferir com facilidade.
- Eles são muito inteligentes: reconhecem o próprio reflexo na frente de um espelho e sabem a diferença entre direita e esquerda.
- A linguagem dos golfinhos parece feita de assobios e é dez vezes mais rápida que a fala do homem. Além de rapidinha, a linguagem deles é bem complexa: eles chamam uns aos outros usando diferentes sons, como se cada um deles tivesse um nome!

© Augusto Leandro Stanzani/ Ardea/ Diomedia

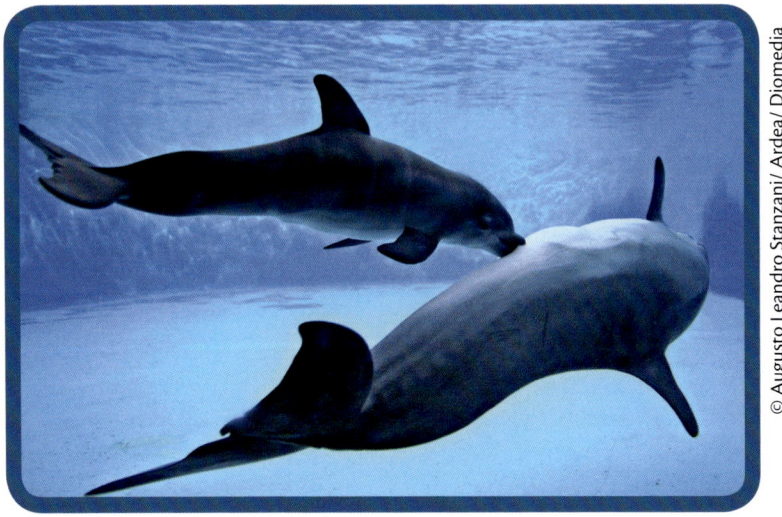

Ao nascer, o golfinho tem cerca de noventa centímetros e, ao ficar adulto, chega a ter três metros de comprimento.

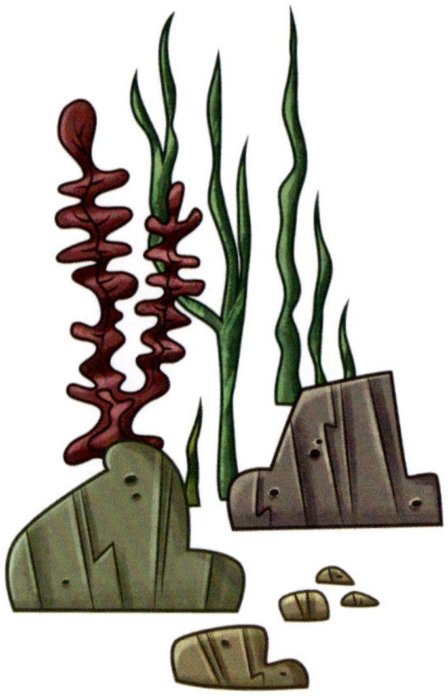

Você sabia?

- O golfinho mais conhecido, aquele cinzento que participa de shows aquáticos, é o nariz-de-garrafa. Ele chega a dois metros de comprimento e pode pesar 250 quilos!
- Os inimigos mais perigosos dos golfinhos são os tubarões, principalmente o tubarão-tigre e o tubarão-branco. As orcas também atacam os golfinhos quando estão com fome, mesmo eles sendo parentes!
- Os golfinhos são ótimos nadadores: chegam a atingir velocidades maiores que quarenta quilômetros por hora e mergulham a até trezentos metros de profundidade!

Onde encontrar

- Normalmente, as famílias de golfinhos são formadas por cerca de cinquenta animais. Mas, quando o homem aumenta a pesca, os golfinhos podem formar grupos temporários com até mil animais para se protegerem.
- Algumas vezes, esses grupos enormes reúnem espécies diferentes de golfinhos.

Um por vez

- Os golfinhos geram um filhote por vez dentro da barriga da mamãe. A gestação dura 12 meses, mas esse período pode variar de uma espécie para outra.
- O pai do bebê golfinho não ajuda a cuidar do filhote. E, em algumas espécies, existem fêmeas com função de babá: elas cuidam dos bebês de outras fêmeas!
- O bebê golfinho mama até os quatro anos de idade e vive cerca de quarenta anos.
- Os filhotes não sugam o leite. As mamas ficam escondidas no ventre, no final da cauda, e esguicham o leite na boca do filhote quando ele bate com a cabeça no ventre da mamãe para pedir comida.

A gestação da orca é de cerca de 16 meses, nascendo apenas um filhote por vez. O bebê nasce com mais de dois metros e alcança até quatro metros com dois anos de vida.

O que a orca faz aqui?

- A orca, na verdade, é um golfinho, o maior de todos. Pode ter até nove metros de comprimento e pesar cinco toneladas.
- Ela é tão forte que consegue dar saltos que retiram totalmente seu corpo da água.
- A orca acabou injustamente conhecida como baleia-assassina porque parece uma baleia e caça em bandos, podendo atacar focas, golfinhos e até filhotes de baleias. Mas, como todo predador, ela caça apenas para se alimentar.

Hora do lanche

Caçada em grupo

- Os golfinhos comem muitos tipos diferentes de peixe, mas gostam mesmo é de lula e de camarão.
- Eles emitem sons que não podem ser ouvidos pelos humanos para localizar sua presa. Parte desses sons, quando atinge a caça, volta como se fosse um eco, aí o golfinho capta essa vibração num órgão que possui na mandíbula e consegue saber qual o tamanho da presa e a que distância ela está.
- Os bandos de golfinhos se organizam e cercam os cardumes. Os peixes, assustados, saltam para fora da água e acabam sendo capturados, indo parar na barriga dos golfinhos.

IGUANA-MARINHA

A pele escura das iguanas-marinhas ajuda a aquecerem o corpo mais rápido quando saem da água.

Aquecendo o corpo

Assim como todos os répteis, as iguanas-marinhas precisam do sol para se aquecer. Logo que saem da água gelada, elas permanecem durante muitas horas expostas ao sol.

Fôlego à prova

As iguanas-marinhas se alimentam de algas marinhas que crescem presas nas rochas submersas. Para apanhá-las, elas mergulham no mar gelado, podendo ficar até uma hora embaixo da água.

Você sabia?

As iguanas-marinhas ingerem muito sal devido à sua alimentação, por isso desenvolveram uma glândula que elimina o excesso pelo nariz. Isso acontece como se fosse um espirro, atirando o sal para longe!

Bebê independente

- Na época de reprodução, as fêmeas cavam buracos na areia e depositam até seis ovos. Os filhotes nascem depois de noventa dias e se viram sozinhos, já que a mamãe iguana não cuida deles.
- A maior ameaça às iguanas-marinhas ocorre em sua fase jovem, quando animais domésticos levados para as ilhas, como cães, gatos e até mesmo ratos, caçam seus ovos e filhotes.

Onde encontrar

- A iguana-marinha é a única espécie de lagarto do mundo que vive próxima do oceano e dele depende para sobreviver.
- Elas são encontradas somente no arquipélago de Galápagos, no oceano Pacífico da costa da América do Sul.

Nadando com a cauda

- Os machos podem chegar a 1,3 metro de comprimento e 1,5 quilo, já as fêmeas atingem no máximo sessenta centímetros.
- Os pés das iguanas-marinhas não são bons para nadar, já que não possuem membranas entre os dedos. Por isso, elas desenvolveram uma cauda muito forte que as impulsiona na água com movimentos laterais.
- Elas têm dedos longos com garras curvas e fortes, excelentes para se agarrar nas rochas vulcânicas das praias no momento de sair da água.

A iguana-marinha usa suas garras afiadas para escalar e se agarrar às rochas.

LOBO-MARINHO

As mamães lobo-marinho e seus filhotes se localizam por sons familiares e únicos, assim não se perdem no meio dos grandes grupos.

Não confunda com foca

- Algumas pessoas confundem o lobo-marinho com a foca, mas eles são animais bem diferentes.
- A primeira diferença está nas orelhas: o lobo-marinho possui uma orelha pequena feita de cartilagem, já a foca não possui orelha, apenas o ouvido.
- Uma grande diferença entre lobo-marinho e foca está na maneira de se locomover no chão: a foca se arrasta sem se apoiar nas nadadeiras, já o lobo-marinho se apoia nas quatro nadadeiras e caminha muito bem.

Nem com leão-marinho

- O lobo-marinho é bem menor que seu primo leão-marinho.
- Outra diferença é que os machos de leões-marinhos apresentam uma juba com pelos mais compridos no pescoço, por isso são chamados leões.
- O lobo-marinho não possui juba. Seu nome tem origem no seu uivo e no seu focinho comprido.

Fome de lobo

- Os lobos-marinhos se alimentam de peixes, moluscos e alguns crustáceos.
- Eles podem comer até 12 quilos de comida por dia.

Hora do lanche

Principais ameaças

- Os animais que caçam os lobos-marinhos são as orcas e os tubarões.
- Alguns pescadores não gostam dos lobos-marinhos porque eles podem se enroscar nas redes, rasgando e estragando a malha de pesca.
- No passado, eles eram caçados para a retirada de seu couro, que era utilizado na indústria de roupas e calçados. Hoje, isso não acontece mais.
- As principais ameaças no momento são a poluição dos oceanos, a diminuição de seu alimento devido à pesca excessiva realizada por navios industriais pesqueiros e o perigo de ficarem presos nas redes de pesca.

Estrutura da família

- Os machos formam grupos de fêmeas chamados haréns.
- Eles defendem com muita violência suas fêmeas e seus filhotes contra outros machos rivais.
- Geralmente, as mamães têm seus filhotes em ilhas e praias desertas, sempre na época da primavera e do verão.
- O tempo de gravidez é de aproximadamente 12 meses, e o filhote mama de oito a dez meses.

Onde encontrar

- Os lobos-marinhos vivem na costa da América do Sul, desde o Peru e o Chile, no oceano Pacífico, até o Uruguai e o sul do Brasil, no oceano Atlântico.
- Os machos adultos pesam cerca de duzentos quilos e medem até 1,8 metro.
- As fêmeas pesam até sessenta quilos e não ultrapassam 1,5 metro.

© Cristina Silveira

Depois de mergulhar nas águas geladas, os lobos-marinhos adoram deitar nas rochas e praias para tomar sol ou dormir por muitas horas.

LONTRA-MARINHA

Onde encontrar

- A lontra-marinha pode ser encontrada nas águas geladas do norte, no litoral dos Estados Unidos e do Canadá, no norte da Ásia, no mar de Bering e no Alasca.
- Diferentemente das várias espécies de lontras que vivem nos rios, as lontras-marinhas vivem somente no oceano, saindo para a praia apenas quando o filhote vai nascer.

Casaco da mais alta qualidade

- A lontra-marinha possui a pelagem mais densa do reino animal, mantendo-a seca e protegida do frio.
- O "casaco natural" da lontra-marinha possui duas camadas de pelos que têm oleosidade natural e ajudam a prender as bolhas de ar, formando uma camada protetora bastante eficiente.

Você sabia?

- As lontras-marinhas são os únicos mamíferos marinhos que usam "ferramentas".
- Elas usam pedras para quebrar e abrir conchas e retirar o molusco que adoram comer.
- Cada lontra tem sua pedra preferida e a guarda no fundo do mar para utilizá-la sempre que preciso.

A lontra-marinha fica nesta posição para descansar e para se alimentar.

Adaptadas ao mar

- As lontras-marinhas pesam em média 35 quilos e medem entre sessenta e 120 centímetros.
- O corpo da lontra-marinha é muito adaptado para a natação: ele é alongado e com a cabeça pequena, a cauda é comprida e achatada para direcionar o animal na água como um leme, as patas são curtas e bem fortes, e os dedos são ligados por uma membrana própria para nadar.
- As lontras-marinhas conseguem ficar até seis minutos embaixo da água.
- Quando sobem à superfície para respirar, as lontras-marinhas podem passar despercebidas, pois são capazes de expor para fora da água apenas os orifícios de suas narinas.

© Mike Baird/ <fhttp://flickr.bairdphotos.com> / CC BY 2.0

A mamãe lontra-marinha tem gestação de dois meses, nascendo de um a quatro filhotes de uma só vez. Eles permanecem com ela até completar um ano de vida.

S.O.S. lontra-marinha

- Entre os anos 1741 e 1911, as lontras foram caçadas aos milhares para a retirada de sua pele, que era muito usada na confecção de roupas e casacos. A população passou de 300 mil para apenas 2 mil.
- Após esse período, houve uma proibição internacional da caça e muito trabalho dos ambientalistas para a conservação e a reintrodução de animais nascidos em cativeiros. Assim a população cresceu novamente.

Hora do lanche

Comilonas

- As lontras-marinhas comem ostras, mexilhões, ouriços, crustáceos e algumas espécies de peixes.
- Elas podem comer até 30% de seu peso diariamente.

MORSA

As morsas também usam suas longas presas para facilitar a locomoção: elas fincam os dentões no gelo e puxam o corpo para a frente.

Dentes enormes

- Os dentes das morsas são muito resistentes. Eles começam a crescer nos filhotes com seis meses de idade, mas só aparecem aos dois anos. Até lá, os dentes ficam escondidos pelos lábios.

- Os dentes das fêmeas são menores e os dos machos são enormes presas, que têm em média sessenta centímetros, mas podem chegar a um metro de comprimento e seis quilos de peso nos machos mais velhos.

- Os machos usam os fortes dentes nas brigas com machos rivais para disputar a liderança do grupo. Dificilmente um animal morre pelas feridas das brigas, mas as cicatrizes são bem visíveis, principalmente nos velhos machos lutadores.

Banho de sol

- Quando o sol aparece no hemisfério norte, as morsas procuram as praias para se aquecer. Elas podem ficar até uma semana no mesmo lugar, adiando o mergulho na água gelada para procurar comida, aproveitando o calor das rochas e a companhia de outras morsas.

- Sempre que os grupos estão tomando sol, algumas morsas ficam de sentinela, observando se um urso-polar aparece por perto. Quando percebem o perigo, as sentinelas dão o alarme (um assobio alto) e todas as morsas imediatamente mergulham no oceano.

Os bigodes da morsa, chamados vibrissas, são bem sensíveis e permitem identificar rachaduras no gelo causadas por correntes quentes.

Hora do lanche

Mergulhando fundo!

- As morsas adoram comer camarões, caranguejos e mexilhões. Elas procuram esses animais no fundo do oceano e conseguem mergulhar até 150 metros de profundidade.
- Para encontrar os animais enterrados na areia, elas usam o tato das vibrissas. São cerca de 450 fios na ponta do focinho.

Beijo de morsa

- As morsas são muito sociais e vivem em grandes grupos. Para se conhecerem, elas encostam os bigodes umas nas outras.
- Além de usar o tato, elas também emitem muitos sons para se comunicar. No passado, as morsas eram apelidadas de cantoras do Ártico.

Bebê morsa

- Os filhotes nascem depois de 16 meses de gestação. Eles pesam 65 quilos e medem 1,2 metro.
- Até os dois anos de idade raramente o filhote fica sozinho. Ele permanece sempre protegido pela atenciosa mamãe.

Sobrevivência

- As morsas sofrem com a caça. Suas presas são muito procuradas para serem vendidas como marfim para a confecção de joias.
- A poluição dos oceanos e a pesca dos animais que servem de alimento para as morsas, diminuindo a quantidade de comida, são grandes ameaças à sobrevivência da espécie.

PINGUIM

Os pinguins podem ficar embaixo da água por bastante tempo. O máximo já registrado foi 18 minutos sem respirar!

Onde encontrar

- A maioria dos pinguins vive na Antártida e nas ilhas da Nova Zelândia. Também existem pinguins que moram no sul da África, da América do Sul e da Austrália e até nas ilhas Galápagos.

- Às vezes aparecem pinguins nas praias do Brasil. Como eles gostam muito de nadar, acabam sendo carregados pelas correntes marítimas e vão parar muito longe de suas casas.

Pinguim voa?

- Os pinguins são aves marinhas, nadam muito bem, mas não voam.

- Existem 18 espécies de pinguins. Quatro delas chegam até as regiões subtropicais, todas as outras vivem em áreas bem mais frias, no sul do planeta. Eles estão adaptados para viver em temperaturas de até 50 °C abaixo de zero.

- Os pinguins são barulhentos e curiosos, vivem em grupos numerosos e adoram uma farra. Eles costumam ser bem dóceis e só agridem o homem se ele chegar perto demais de seus ovos ou de seus filhotes.

- Existem pinguins de diferentes tamanhos. Eles podem pesar de 2,2 quilos (pinguim-azul) a 37 quilos (pinguim-imperador) e viver de trinta a 35 anos.

De casaca e topete...

- Muitos pinguins têm o peito branco e a cabeça e as costas negras, por isso dizem que parece que eles usam casaca.

- Alguns possuem manchas amarelas ou alaranjadas no pescoço, como o pinguim-rei e o pinguim-imperador. O pinguim-de-barbicha tem uma faixa preta no queixo. E o pinguim-macaroni tem duas cristas bem alaranjadas que se unem na frente de seus olhos e parecem um belo topete.

Hora do lanche

Cuidado com o bico!

- Os pinguins são ótimos caçadores e adoram peixe fresco, crustáceo ou molusco. Eles são bem rápidos e seu bico forte e longo funciona como uma pinça, sendo ótimo para prender a comida.

- Os filhotes de pinguins comem igual aos filhotes de passarinho: alimentos que os pais já digeriram e depositam em sua boca.

Além do tamanho, as variações das manchas no pescoço e na cabeça permitem aos pinguins que se identifiquem entre si.

Você sabia?

- Os pinguins têm pena ou pelo? Eles possuem muitas penas, uma pertinho da outra.

- Em cada pata dos pinguins há quatro dedos. Três dedos são ligados por uma membrana, que forma uma nadadeira quando eles entram na água.

- Os pinguins ficam bem eretos quando andam na terra. Isso acontece porque suas patas são curtas e muito próximas da cauda, dando a impressão de que eles estufam o peito quando caminham.

- O filhote de pinguim possui uma penugem que só é substituída por penas quando ele cresce, no período em que começa a aprender a nadar.

Adaptados para a água

- Na água, os pinguins boiam muito bem. É que eles são gorduchos, e a gordurinha ajuda na flutuação, além de protegê-los do frio.

- Suas penas são lisas e gordurosas; isso faz com que eles fiquem impermeáveis, ou seja, eles entram na água, mas não molham o corpo.

- Eles nadam com uma agilidade incrível e mergulham como ninguém! Podem atingir a velocidade de quarenta quilômetros por hora.

- Normalmente, os pinguins passam mais tempo na água do que em terra. Algumas espécies, que migram atrás de comida, chegam a passar sete meses no mar!

Vida em família

- Quando os pinguins vão ter filhotes, eles procuram uma região de terra, gelo ou rocha bem segura. Lá, as fêmeas colocam os ovos; cada uma põe um ou dois ovos, que são chocados por cinco a seis semanas. Os pais fazem isso juntos, revezando-se para buscar comida e proteger o ovo.

- Os pinguins são fieis, formam um casal para a vida toda e só se separam quando não conseguem ter filhotes.

- Os adultos protegem seus filhotes até que fiquem grandes e possam se defender sozinhos. Algumas espécies organizam creches, reunindo todos os filhotes do bando e deixando alguns adultos tomando conta, enquanto a maioria sai em busca de comida.

PLÂNCTON

Tipos de plâncton

- O plâncton é a base da cadeia alimentar, servindo de alimento para muitos animais.
- Ele é composto de seres microscópicos, ou seja, invisíveis a olho nu.
- No plâncton existem animais bem pequenininhos – microcrustáceos, protozoários e alguns tipos de vermes – conhecidos como zooplânctons.
- Há também um grupo composto de algas e bactérias que realizam fotossíntese, como as plantas, e que, por isso, é conhecido como fitoplâncton.

À deriva

A palavra "plâncton" tem origem grega e significa "errante". Esse nome foi dado porque a maioria dos seres que formam o plâncton não tem pernas ou braços para se locomover, por isso ficam à deriva nos oceanos e mares.

Comida especial

- Ao fazer fotossíntese, o fitoplâncton produz o próprio alimento.
- O zooplâncton se alimenta do fitoplâncton, recolhendo-o ao filtrar a água ou capturando-o ativamente.

O zooplâncton é formado por muitos tipos de animais pequeninos que também flutuam no mar, sendo empurrados pelas ondas e correntes marinhas.

Alguns representantes do fitoplâncton emitem luz, o que pode ser visto à noite na zona de arrebentação das ondas.

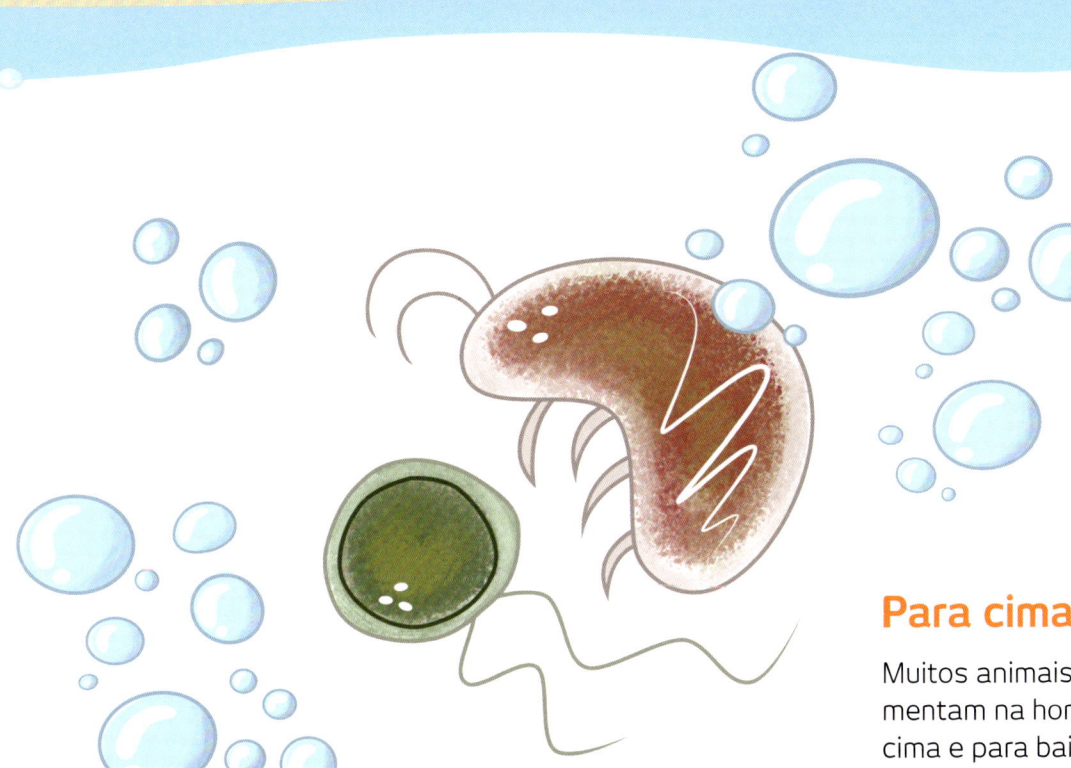

Para cima e para baixo

Muitos animais que formam o zooplâncton não se movimentam na horizontal, mas nadam sempre na vertical, para cima e para baixo, procurando a superfície durante o dia e o fundo do mar à noite.

Respire fundo

O fitoplâncton é responsável pela maior parte do oxigênio existente na atmosfera, pois ele retira o gás carbônico e libera o oxigênio que outros seres necessitam.

Maré vermelha

- As algas que formam o fitoplâncton podem se reproduzir bem rápido se existir muita luz e nutriente e pouco movimento das águas, como ondas e marés.

- Dependendo da espécie, juntam-se em grandes concentrações, formando uma mancha visível a olho nu.

- Como muitas vezes essas concentrações têm coloração avermelhada, esse fenômeno é chamado de maré vermelha.

- Algumas dessas algas produzem toxinas e podem ser catastróficas para o ecossistema, causando riscos à saúde do homem.

Geralmente, o fenômeno da maré vermelha é causado pelo acúmulo de matéria orgânica no mar, pois permite a proliferação de algas que se alimentam desses resíduos.

SIRI

As patas traseiras do siri facilitam a natação e o ajudam a se enterrar na areia mole das praias.

Você sabia?

- Há siris de vários tipos: transparente, branco, vermelho com pintas brancas, vermelho sem pintas, amarronzado com manchas amarelas, cinza, azul, verde e de muitas outras cores!

- O siri pode parecer desajeitado com essas pinças enormes, mas ele corre muito fora da água e dentro dela é ainda mais rápido porque usa suas patas traseiras como remos.

- Os siris costumam ser nervosos e dar pinçadas em quem chega perto.

Siri ou caranguejo?

- O siri é muito parecido com o caranguejo. Para descobrir quem é quem, é preciso olhar bem para as patas traseiras. No siri, as duas patas de trás são achatadas, parecem remos ou nadadeiras. Nos caranguejos, essas patas terminam em unhas e são bem pontudas.

- Os siris só vivem na água salgada e não passam de vinte centímetros de envergadura. Já os caranguejos podem viver tanto em água doce quanto salgada e chegar a mais de cinquenta centímetros!

- A carapaça do siri é pontiaguda e irregular, enquanto a do caranguejo é mais arredondada, sem pontas.

Adora uma carniça!

Os siris comem qualquer outro animal do mar ou do rio. De preferência, sua comida já deve estar morta. Eles comem carne em decomposição, por isso são chamados de urubus-do-mar.

> **Você sabia?**
>
> Os olhos do siri ficam nas laterais de seu corpo, por isso ele enxerga bem quando anda de lado.

O corpo é mole, mas a casca é dura!

- O siri é um crustáceo, parente da lagosta, do camarão e do caranguejo. Existem várias espécies de siris. Algumas delas chegam a ter 15 centímetros.

- O corpo do siri é mole, sem ossos, e fica protegido dentro de uma casca dura, igual ao que acontece com a lagosta.

- A cabeça do siri é grudada no tórax. É o cefalotórax, comum a todos os crustáceos.

- O corpo do siri é achatado e os lados são pontudos. Ele tem dez patas, mas usa só oito para andar. E o que é engraçado é que o siri só corre de lado!

- O siri usa as outras duas patas como pinça, igual à lagosta. Com elas, ele se defende e pega a comida para levar até a boca.

- Há algumas espécies de caranguejo que acabaram desenvolvendo muito uma das pinças. No Brasil, eles são conhecidos como chama-maré e usam a grande pinça para disputar território e para seduzir a fêmea.

Onde encontrar

Os siris e os caranguejos se adaptaram a locais diferentes. Enquanto os siris ficam escondidos na areia mole das praias ou do fundo do mar, os caranguejos vivem nos manguezais, no encontro dos rios com o mar.

Nos mangues, os caranguejos fazem tocas fundas, onde se escondem quando se sentem ameaçados.

TARTARUGA

Bichinho misterioso

As tartarugas marinhas não gostam de viver em bandos. Elas são solitárias e ficam embaixo da água por muito tempo. Por isso, os pesquisadores não sabem muito sobre elas e são curiosos para descobrir mais sobre seus costumes.

O formato do casco das tartarugas marinhas facilita o deslocamento na água, ou seja, é hidrodinâmico.

No tempo dos dinossauros...

- Há 110 milhões de anos surgiram as primeiras tartarugas marinhas, bem parecidas com as atuais, e elas conviveram com os dinossauros por milhões de anos!

- As tartarugas são répteis, parentes das cobras, dos lagartos e dos jacarés.

- Mesmo as tartarugas marinhas precisam respirar pelos pulmões, igual a nós. Por isso, elas vão periodicamente à superfície.

- Existem centenas de espécies de tartarugas, sendo que poucas delas são aquáticas. As que vivem na água conseguem ficar submersas sem respirar por algumas horas.

Viajantes do mar

- As tartarugas possuem ótimas nadadeiras, que fazem com que elas se desloquem com velocidade na água, chegando a atingir vinte quilômetros por hora. Na praia, elas usam as nadadeiras para fazer o ninho na areia.

- As tartarugas marinhas são animais migratórios, ou seja, passam a vida viajando, não possuem uma casa fixa. Elas realizam grandes migrações ao longo do ano.

Bússola interior

- As tartarugas marinhas têm visão, olfato e audição desenvolvidos e, também, um tipo de bússola e um relógio interior. Por isso, sempre sabem quando e para onde ir e nunca se perdem, mesmo se estiverem sozinhas no meio do mar.

- Elas viajam por todo o mundo e conseguem voltar à praia em que nasceram para botar seus ovos.

Nasce uma ninhada!

- Para botar seus ovos, as fêmeas preferem as praias desertas, ao anoitecer. Durante o dia, a areia da praia fica quente demais e torna difícil a desova. A tartaruga faz seu ninho em um lugar onde a maré não chega para que os ovos fiquem protegidos.

- A tartaruga cava um buraco na areia para fazer o ninho. Esse buraco é chamado de cama, costuma medir cerca de dois metros de largura e pode chegar a meio metro de profundidade.

- Algumas espécies de tartarugas botam até 120 ovos!

- A fêmea não choca os ovos, ela volta para o mar. É o calor da areia que mantém os ovos quentinhos e protegidos até os filhotes nascerem.

As tartarugas marinhas cavam um buraco na areia para fazer o ninho. Se não gostarem do buraco, elas o deixam de lado e começam outro.

Menino ou menina?

- A temperatura da areia onde os ovos são enterrados influencia no nascimento de bebês fêmeas ou machos. Se a areia se mantiver com mais de 30 °C, nascerão mais fêmeas; mas se a temperatura não passar de 29 °C, nascerão mais machos.

- Quando nascem, os filhotes medem de 3,5 a quatro centímetros de comprimento de casco. Muitos deles viram comida de siris, peixes, aves marinhas e polvos. De cada mil filhotes que nascem, somente um ou dois crescem e chegam a ficar adultos.

Direto para a luz!

- Os filhotes de tartaruga marinha nascem depois de 45 a sessenta dias da desova. Esse período varia de acordo com a intensidade do sol.

- O mais comum é eles nascerem à noite ou em dias nublados e chuvosos. Eles nascem todos juntos, atirando areia para os lados e correndo para o mar.

- Como o filhote sabe para onde deve ir? Ele se orienta pela luminosidade do horizonte. Por isso, não pode haver luzes acesas nas praias de desova. Se o filhote nasce e vê a luz de uma casa, ele corre para lá em vez de ir para o mar e dificilmente sobrevive.

Você sabia?

- Vivendo no mar, as tartarugas comem e bebem muito sal. Por isso, elas possuem uma glândula que fica atrás de seus olhos e que elimina o excesso em suas lágrimas.

- Quando dormem, os filhotes costumam ficar boiando na superfície do mar, com as nadadeiras dianteiras viradas para trás. Já os adultos, preferem dormir embaixo da água, escondidos entre as pedras, e vão à superfície de tempos em tempos para respirar.

Você sabia?

- As tartarugas terrestres e de água doce conseguem encolher o pescoço e as patas, escondendo tudo dentro de seu casco. Já as tartarugas marinhas não, porque seus cascos são menores e mais achatados, para facilitar a locomoção no mar.

- A maior parte das tartarugas marinhas é considerada adulta quando atinge a idade de vinte a trinta anos. Elas podem viver mais de 150 anos e nunca param de crescer!

As tartarugas não têm dentes, mas suas bocas formam um tipo de bico, conhecido como bico córneo, que é bem forte e cortante.

S.O.S. tartarugas

- Quase todas as tartarugas marinhas estão ameaçadas de extinção.

- Existem sete espécies de tartarugas marinhas em todo o mundo. No Brasil, podemos encontrar cinco dessas espécies e todas elas estão ameaçadas de extinção.

- As que desovam no litoral (tartaruga-cabeçuda, tartaruga-de-pente, tartaruga-oliva e tartaruga-de-couro) são as mais ameaçadas. A tartaruga-verde costuma desovar nas ilhas e por isso sofre menos o ataque humano.

Cuidado com o saco plástico!

- Quando nascem, os filhotes costumam ser carnívoros. Mas quando crescem, algumas espécies passam a se alimentar apenas de algas. Outras continuam comendo de tudo um pouco.

- As tartarugas marinhas confundem sacos plásticos ou papel celofane com águas-vivas. Quando isso acontece, elas comem o saco e podem morrer engasgadas, por indigestão ou problemas intestinais.

Hora do lanche

As tartarugas que podem ser vistas em nosso país

Tartaruga cabeçuda

- É uma tartaruga marinha que vive nas águas quentes de todo o planeta. A cor de seu casco é marrom-amarelado.
- Ela gosta tanto das regiões mais rasas quanto de dar uns mergulhos em alto-mar. O tamanho delas chega a 1,36 metro e seu peso fica em torno de cem a 180 quilos.

Tartaruga-de-pente

- Recebe também o nome de tartaruga-verdadeira ou legítima. Ela está muito ameaçada de extinção. Gosta de viver em recifes de corais e próximas ao litoral, em águas rasas.
- Quando adulta, a tartaruga-de-pente chega a medir 1,14 metro e a pesar até 127 quilos.
- Sua boca assemelha-se ao bico de um falcão e não é serrilhada como na maioria das outras espécies. Com esse "bico" ela consegue pegar alimento entre as rochas, em lugares bem estreitos.

Tartaruga-oliva

- Ela tem o casco num tom verde-cinzento e atinge 82 centímetros de comprimento quando adulta.
- No Brasil já foram encontradas tartarugas-oliva com quase sessenta quilos, mas o mais comum é pesarem até quarenta quilos.

Tartaruga-de-couro

- Ela também é conhecida como tartaruga gigante e costuma ter 1,82 metro quando adulta e pesar cerca de setecentos quilos. Já foi encontrada uma tartaruga de couro que tinha 2,56 metros e pesava 916 quilos!
- Essa tartaruga não tem um casco duro como as outras. Seu casco é formado por uma pele fina e resistente e milhares de pequenas placas de osso.
- Ela adora comer águas-vivas e todo ser gelatinoso que encontrar pelo caminho.

Tartaruga-verde

- Também chamada de aruanã, ela corre menos risco que as outras tartarugas marinhas encontradas no Brasil. Ainda assim, está ameaçada de extinção.
- Seu casco é esverdeado, e ela pode medir até 1,43 metro e pesar duzentos quilos. Mas já foi encontrada uma que pesava 395 quilos!
- A aruanã gosta de ficar em regiões costeiras e protegidas, próximas às ilhas. Dificilmente vai para o alto-mar.

39

MEIO DA COLUNA D'ÁGUA

PROFUNDIDADE
100 m a 1.200 m

TEMPERATURA
4 °C a 20 °C

PRESSÃO
Até 100 ATM

A maior parte dos animais marinhos vive entre a superfície e até cerca de mil metros de profundidade. Esses animais se movimentam continuamente para que não sejam levados pelas correntes marinhas. Nesta região do oceano encontramos animais totalmente adaptados à vida marinha, que se alimentam e se reproduzem integralmente embaixo d'água: águas-vivas, arraias e, claro, peixes!

ABUNDÂNCIA DE ESPÉCIES

ÁGUA-VIVA

As águas-vivas têm pouco controle de seus movimentos na água, ficando basicamente à deriva.

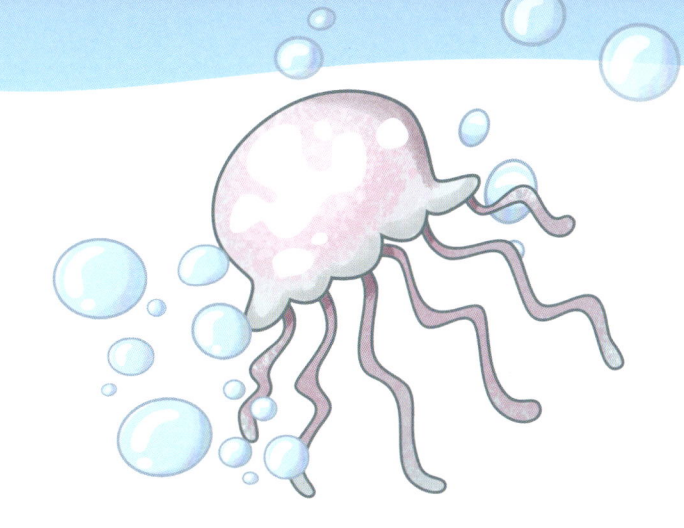

As mais antigas habitantes do mar

- As águas-vivas existem há muito tempo. Elas habitam o mar há mais de 650 milhões de anos! Ou seja, são muito mais antigas que os dinossauros ou os caramujos.

- Elas são parentes das anêmonas e dos corais. Existem mais de mil espécies de águas-vivas e ainda não se sabe se todas as espécies já foram encontradas.

Água-viva de verdade!

- A água-viva é uma das criaturas mais fantásticas do mar. Ela tem o corpo gelatinoso e vários tentáculos. A maioria é transparente.

- As águas-vivas não têm ossos, cérebro ou coração. O corpo delas é formado por 98% de água! Por isso, se uma água-viva encalha na praia e morre, seu corpo quase desaparece quando a água evapora.

- Todo o corpo das águas-vivas, principalmente seus tentáculos, é recoberto por pequenos filamentos urticantes. Ela injeta o veneno em tudo o que toca. Faz isso para se defender e, também, para capturar suas presas.

- Algumas espécies se movimentam seguindo as correntes marinhas. Outras conseguem determinar para onde vão lançando um jato de água.

41

Bebê água-viva

- De uma só vez nascem dezenas de águas-vivas. Os bebês têm a forma de uma larva e nadam até encontrar algo sólido (uma pedra, um coral...) para se fixar.
- Depois de se fixarem, as larvas crescem e ganham a forma de um cilindro oco, com boca e tentáculos na parte de cima.
- Quando fica adulta e ganha a forma que lembra um sino, ela se solta da base e nada livremente.
- A água-viva leva até dois anos para chegar à fase adulta. Quando adulta, também é chamada de medusa e pode viver de três a seis meses.

As águas-vivas no mundo

- Nos últimos anos, a população de águas-vivas tem aumentado muito em diversas regiões do mundo.
- No Japão, a cada ano, o mar é invadido por águas-vivas gigantes, com o corpo medindo mais de 1,8 metro e pesando até 225 quilos!
- Elas podem disputar alimentos com peixes e outros animais marinhos, fazendo as populações deles diminuírem. Elas também provocam estragos nas redes de pesca e matam os peixes que encostam nelas.

As águas-vivas não atacam, mas podemos sofrer queimaduras se encostarmos em seus filamentos.

Hora do lanche

Quero mais!

- Existem águas-vivas pequeninas, com o corpo medindo apenas 2,5 centímetros, e outras enormes, com mais de dois metros! As pequenas comem algas e plânctons. As grandes comem peixes, crustáceos e moluscos.
- Essas grandonas são bem comilonas, chegando a devorar quatro peixes por hora!

Você sabia?

- A boca da água-viva fica no centro de seu corpo.
- As águas-vivas veem a luz e sentem cheiros com a base de seus tentáculos.
- Alguns peixes conseguem ficar próximos às águas-vivas ou até mesmo em seu interior. Desse modo, evitam seus predadores.

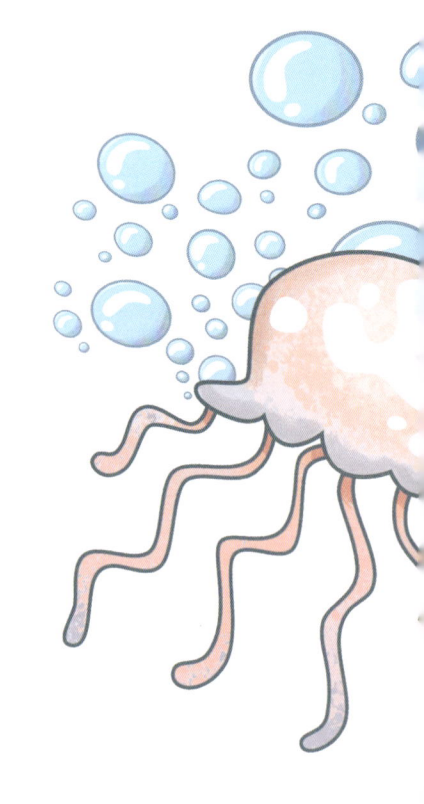

Alguns tipos de água-viva

Água-viva juba de leão

Atinge 2,5 metros de largura e é um dos animais mais compridos do mar, com seus tentáculos de mais de trinta metros de comprimento.

© Derek Keats/ CC BY 2.0

Água-viva cubozoária

- Existem várias espécies de água-viva cubozoária. Elas têm um formato diferente: a estrutura de seu corpo lembra um cubo e normalmente são vistas em regiões onde o mar encontra rios e riachos.

- A irukandji é uma espécie de água-viva cubozoária. Ela tem o tamanho de uma unha mas, apesar de ser tão pequena, tem um veneno muito forte! Se essa água-viva atingir uma pessoa, ela sentirá os sintomas de seu veneno por duas semanas e pode até morrer!

Medusa luna

Essa água-viva geralmente tem o corpo cor-de-rosa ou azul. Ela vive principalmente nas águas costeiras da América do Norte e da Europa, mas pode ser encontrada em todos os oceanos do mundo.

© Lyn Gateley/ CC BY-SA 2.0

Água-viva *Atolla wyvillei*

- Existem algumas espécies de água-viva que vivem entre o meio da coluna d'água e a zona abissal, diferentemente da maioria de suas parentes, que preferem águas mais rasas.

- Uma delas é a *Atolla wyvillei*, que pode viver entre quinhentos e 5 mil metros de profundidade e é capaz de emitir luz quando se sente ameaçada.

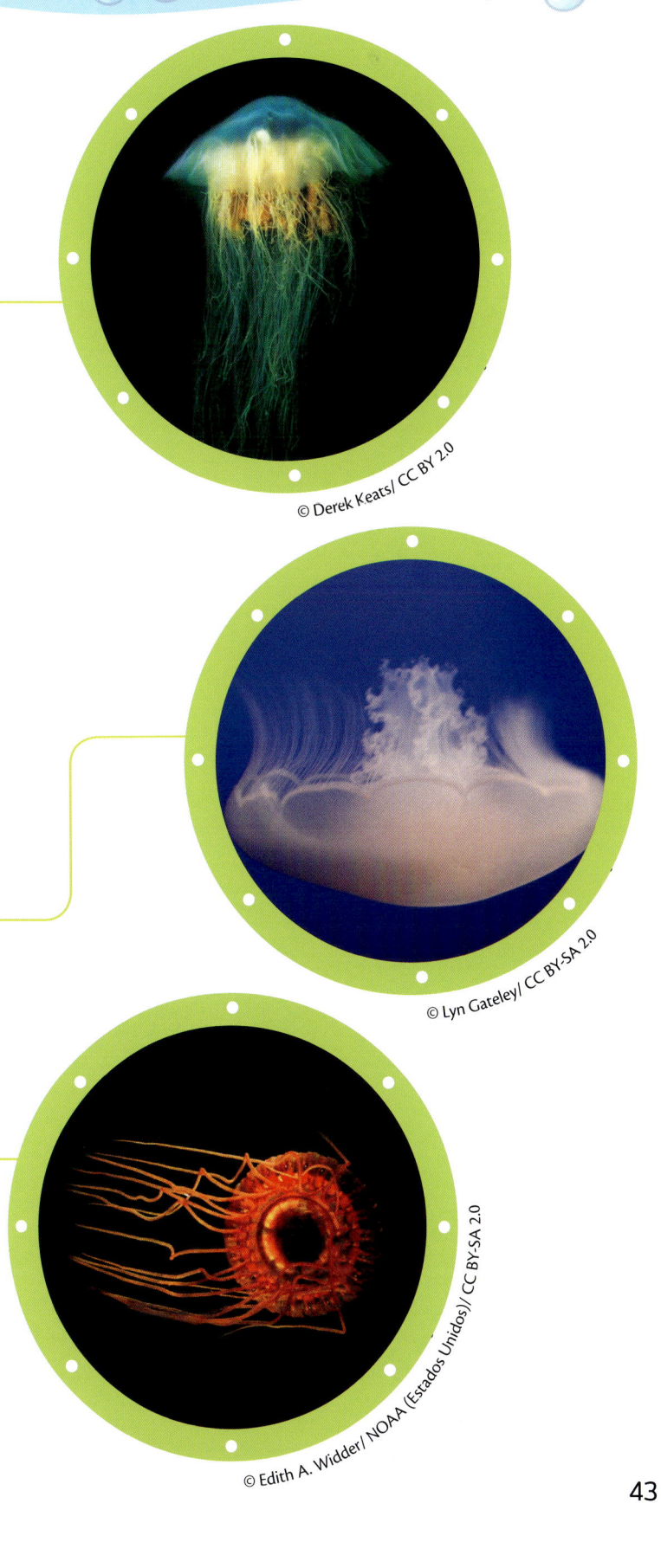

© Edith A. Widder/ NOAA (Estados Unidos)/ CC BY-SA 2.0

43

ARRAIA

Parentes dos tubarões?

- Existem diversas espécies de arraias. Apesar da aparência bem diferente, com o corpo achatado, as arraias são peixes e parentes bem próximas dos tubarões.

- As arraias do mar normalmente atingem de 1,5 a quatro metros de comprimento. Mas também existem espécies que medem apenas alguns centímetros.

- Elas gostam de viver sozinhas e só formam grupos quando precisam viajar em busca de comida ou de água na temperatura ideal.

- As arraias possuem dois olhos nas laterais da cabeça, mas sem pálpebras. Elas não enxergam muito bem e também são quase surdas.

- O esqueleto das arraias é de cartilagem, igual à que temos no nosso nariz ou na nossa orelha. Assim elas ficam mais leves do que se tivessem ossos.

Para nadar, as arraias ondulam seu corpo ou suas nadadeiras; é como se batessem as asas. A impressão que dá é de que estão mesmo voando dentro da água.

Você sabia?

- As arraias respiram por fendas branquiais como os tubarões, mas as delas ficam embaixo da cabeça.

- As arraias, quando estão com as nadadeiras abertas, podem ter a forma de um triângulo ou de um disco, dependendo da espécie.

No Brasil existem algumas espécies de arraias elétricas, como a *Narcine brasiliensis*.

Provocou, levou!

- As arraias são dóceis, mas se forem ameaçadas podem se tornar perigosas. Há um mito que diz que a arraia ataca mesmo se não for provocada, mas a verdade é que nenhum animal, marinho ou não, ataca se não se sentir ameaçado.

- Na ponta da cauda de várias espécies de arraia há o aguilhão, um tipo de ferrão que pode ter até vinte centímetros. Das 340 espécies de arraias que existem, 39 possuem esse ferrão.

- No aguilhão fica um espinho serrilhado cheio de farpas. Na parte de baixo desse espinho a arraia guarda seu veneno, que provoca muita dor. Ela usa esse mecanismo para se defender.

Bebê arraia

- As arraias nascem de ovos. Quando nascem, os bebês parecem uma arraia em miniatura.

- Também existem arraias que geram seus filhotes dentro da barriga. Nessas espécies, a gestação dura cerca de três meses e nascem de dois a quatro filhotes por vez.

De tudo um pouco...

As arraias comem crustáceos, moluscos e peixes. A maioria das espécies também come plânctons.

Hora do lanche

45

Você sabia?

- A arraia-pintada possui de um a cinco aguilhões – todos venenosos! Ela chega a medir dois metros e a pesar duzentos quilos. Essa arraia habita todo o litoral brasileiro e também gosta de dar uns pulinhos para fora da água.

- A arraia-torpedo pode dar choques que chegam a 220 volts!

A arraia-jamanta, também conhecida como raia-manta, é filtradora e se alimenta de zooplâncton.

Onde encontrar

- Parte das arraias vive no mar e outras moram na água doce dos rios e dos lagos.

- Muitas vezes as arraias ficam escondidas, enterradas na areia do fundo do mar ou em partes bem rasas...

- Se alguém pisa em uma delas sem querer, a arraia ataca com sua cauda e faz um ferimento muito dolorido!

- Os pescadores dizem que, para evitar pisar numa arraia, o melhor é não dar passos grandes na água. Se você arrastar os pés, vai avisar a arraia que está chegando, e ela terá tempo de fugir sem precisar atacar ninguém.

Arraia-jamanta, a gigante!

- A arraia-jamanta é a maior arraia do mundo. Ela pode medir até sete metros de largura e pesar 1.800 quilos! Uma arraia-jamanta vive até vinte anos e não possui o espinho venenoso na cauda.

- A arraia-jamanta é muito tranquila e vive tanto próxima ao litoral quanto em mar aberto. Nos meses de primavera e de outono, ela dá saltos para fora da água.

- Essa arraia dá à luz um filhote por vez, e o bebê nasce com cerca de um metro de largura e dez quilos!

ATUM

Onde encontrar

Os atuns vivem em águas mais quentes dos oceanos, nas chamadas regiões tropicais e subtropicais. Eles preferem regiões mais profundas e dificilmente chegam até a costa.

Escamas prateadas

Eles têm o corpo alongado, a boca grande e a coloração do dorso azulada, com as laterais do corpo e o ventre prateados.

Nadador de sangue quente

- Ao contrário dos outros peixes, o atum é um animal endotérmico, ou seja, de sangue quente, com a temperatura do corpo sempre constante.
- Como são endotérmicos, seu metabolismo fica menos vulnerável à temperatura ambiente. Por isso, são grandes nadadores e viajam por todo o oceano.
- Os atuns podem nadar 170 quilômetros em um dia, alcançando até setenta quilômetros por hora!

Peixes e moluscos

Os atuns se alimentam de peixes menores, moluscos e lulas.

Os atuns podem colocar até 10 milhões de ovos por vez e vivem cerca de 15 anos.

Pesca predatória

- O atum é um dos peixes mais apreciados do mundo. Sua carne é rosada, não branca como a dos outros peixes. Isso se dá por causa de seu sistema vascular e da temperatura.
- Alguns métodos de pesca de atum, principalmente os que usam grandes redes, capturam também outros animais, como tartarugas e golfinhos. Esses animais ficam presos e morrem por não conseguirem subir para respirar.
- Há campanhas para alertar sobre os riscos que a pesca de atum representa para os outros animais. Uma delas é a Dolphin Safe, que certifica as indústrias pesqueiras que tomam os cuidados necessários para não capturar golfinhos.
- Algumas espécies, como o atum-azul do oceano Atlântico, bastante utilizado para o sashimi, são muito procuradas, pois seu valor comercial é maior. Com a popularização da culinária japonesa pelo mundo, a pesca predatória torna essa espécie gravemente ameaçada de extinção.

BACALHAU

O bacalhau já não é mais encontrado em abundância como antes. A pesca excessiva há muitos anos vem tornando o peixe raro e, com isso, cada vez mais caro para o comércio.

A história do peixe

- Os pescadores de bacalhau mais antigos de que se tem registro são os vikings da Islândia e da Noruega do século IX. Nessa época, eles ainda não utilizavam o sal para conservar o peixe, apenas secavam o bacalhau no sol, que depois era levado para as longas viagens no mar.

- Os portugueses descobriram o bacalhau durante as grandes navegações do século XV. A necessidade de permanecer por muitos meses a bordo dos navios fez com que os navegadores consumissem o peixe usando uma técnica de salgar a carne e deixá-la exposta ao sol. Assim, o bacalhau processado permanecia em ótima condição como alimento durante muitos dias. O peixe agradou ao paladar dos habitantes e até hoje é muito consumido em Portugal.

- Normalmente, a carne do bacalhau é cortada em filés e salgada para conservá-la melhor para vender. Por isso, há uma lenda de que o bacalhau não tem cabeça!

Milhares de irmãozinhos

- A fêmea do bacalhau é bastante fértil, ela pode botar até 500 mil ovos de uma só vez!

- Muitos ovos e filhotes são capturados por outros animais, por isso a mamãe bacalhau produz tantos ovos.

- Na época de reprodução, o bacalhau-do-atlântico tenta conquistar as fêmeas exibindo as barbatanas e emitindo alguns roncos.

Onde encontrar

- São peixes grandes que vivem em cardumes encontrados no mar a até duzentos metros de profundidade.

- Geralmente atingem 1,2 metro de comprimento e quarenta quilos, mas o bacalhau-do-atlântico pode chegar a medir dois metros e pesar mais de noventa quilos!

- Existem diversas espécies de peixes chamados de bacalhau. Todas elas são das águas geladas do Atlântico Norte e do Ártico.

Hora do lanche

Caçador solitário

O bacalhau se alimenta de peixes pequenos, crustáceos, lulas e outros moluscos. Apesar de viverem em grandes cardumes, estes peixes se dispersam ao nascer do sol e no final do dia para buscar alimento.

BAIACU

Que jeito tem um baiacu?

- Há baiacu quadrado, redondo, de olho esbugalhado, com espinhos, colorido, pintado, parecido com sapo... de muitos jeitos diferentes! Existem muitas espécies de peixes que conseguem inflar o corpo, e todos são chamados de baiacu.

- Os baiacus mais facilmente encontrados medem de dez a 15 centímetros. No Brasil, são comuns o baiacu-arara, que pode chegar a ter dois quilos e medir sessenta centímetros; e o baiacu-pintado, um pouco menor, que pode ter até um quilo.

Para estufar o corpo, o baiacu engole muita água e guarda todo o líquido no estômago, que é bem elástico. Assim, ele fica arredondado, estufado e parece até três vezes maior do que realmente é.

Você sabia?

- Como o baiacu não estoura quando incha? A pele dele é muito elástica e estica igual a uma bexiga. Além disso, a espinha do baiacu é flexível e consegue se curvar e ficar arredondada como o corpo.

- Muitos baiacus são venenosos. O veneno deles fica nos órgãos internos e apenas dois gramas é capaz de matar um homem em poucos minutos!

Bem estufadinho

O baiacu é um peixe lento e não consegue fugir nadando ligeiro. Por isso, ele incha para parecer maior do que realmente é e, desse jeito, espantar o inimigo.

Onde encontrar

Os baiacus moram nos corais ou em lugares onde existem rochas. Eles vivem nos oceanos ao redor de todo o planeta.

Que anzol mais gostoso!

- Os baiacus comem moluscos, crustáceos e algas.

- Esses peixes são famosos ladrões de iscas: comem as iscas com tanto jeito que os pescadores nem se dão conta! Muitas vezes, engolem anzol e tudo.

BARRACUDA

Olha que bocão!

- As barracudas são peixes de escamas que possuem um corpo longo e roliço. São conhecidas por sua boca grande, comprida e com dentes afiados.
- Normalmente, as barracudas são prateadas e com tons de azul ou verde. Os peixes adultos têm manchas pretas espalhadas pelo corpo.
- Existem mais de vinte espécies de barracuda. As maiores chegam a três metros de comprimento e pesam mais de cinquenta quilos.
- Quando jovens, as barracudas vivem em cardumes, mas depois que crescem preferem ficar sozinhas.

Ela não é má

Ao contrário do que se pensa, a barracuda não ataca o homem. Os acidentes só acontecem no momento de retirá-la do anzol ou da rede.

Onde encontrar

A barracuda gosta de morar ao redor de ilhas, estruturas como plataformas de petróleo, recifes de corais, costões de rocha e até mesmo em canais de praia.

Carne tóxica

Sua carne é muito apreciada em alguns lugares do mundo, mas as barracudas grandes e adultas podem ser tóxicas, pois comem peixes menores que se alimentam de microrganismos que possuem toxinas.

Hora do lanche

Em pedaços

- As barracudas comem lulas e peixes menores que elas.
- São ótimas caçadoras. Às vezes atacam peixes maiores do que conseguem engolir. Aí mordem, cortando a presa ao meio, e engolem os pedaços.

© Ricardo Azoury/ Olhar Imagem

A barracuda pode viver desde próxima à superfície até duzentos metros de profundidade. Muito curiosa, não tem medo de se aproximar de tudo para observar de perto.

CORVINA

Cuidado que elas mordem!

- As corvinas têm a pele na cor prata azulada e, ao contrário das sardinhas, possuem uma boca cheia de dentes pontiagudos. Elas têm dentes até na garganta!
- O corpo das corvinas é recoberto de escamas, e elas podem ter até oitenta centímetros de comprimento e pesar uns seis quilos.
- As corvinas conseguem produzir sons que até o homem é capaz de ouvir.
- Elas são muito sensíveis à falta de oxigênio, por isso, se a água estiver poluída, não vai servir de casa para a corvina.
- Existem corvinas de água doce que são bem parecidas com as de água salgada, tanto em tamanho e cor quanto em hábitos alimentares. Alguns biólogos defendem que, há muito tempo, elas vieram do mar e se adaptaram à vida nos rios e nas lagoas.

Paladar variado

As corvinas se alimentam de pequenos peixes, crustáceos e alguns vermes.

Hora do lanche

No Brasil, as corvinas recebem nomes curiosos que foram dados por indígenas, como murucaia na Bahia e cururuca em Pernambuco.

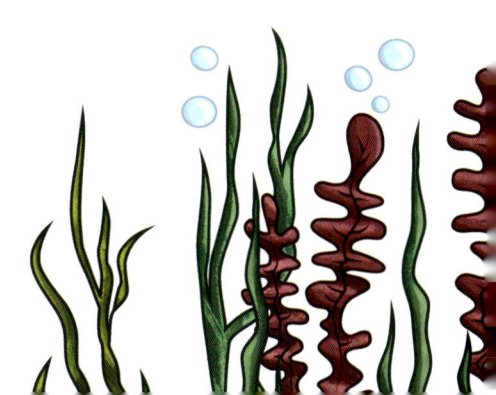

KRILL

Pequeninos e numerosos

- O krill é um crustáceo, parente do camarão.

- O corpo do krill mede até cinco centímetros de comprimento e pesa dois gramas, e ainda tem mais dois ou três centímetros de antenas. Ele só é encontrado nas águas geladas do Polo Sul e vive mais de cinco anos.

- No escuro, o krill emite uma luz azul-esverdeada. Eles vivem em bandos tão numerosos que parecem acender o mar.

- Existem várias espécies de krill e, apesar de numerosos, os cientistas dizem que suas populações vêm diminuindo desde 1970. Isso porque a alga que ele mais come não sobrevive ao aumento da temperatura do oceano que vem acontecendo nos últimos anos.

- Durante o dia, os krills mergulham bem fundo, tentando escapar de seus predadores. À noite, eles vêm para a superfície em busca de algas para comer.

Proteção do fundo do mar

Depois que eclodem os ovinhos, os filhotes procuram o fundo do mar, mergulhando até 1.500 metros, para se desenvolverem e crescerem mais protegidos dos predadores. Conforme vão crescendo, eles procuram águas mais rasas.

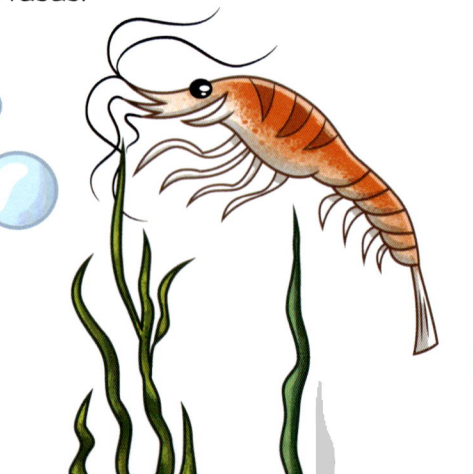

Alguns países, como Rússia e Japão, comercializam o krill para consumo humano.

Base da cadeia alimentar

- O krill é considerado um animal da base da cadeia alimentar, ou seja, ele serve de alimento para muitos outros animais.

- Se por algum motivo o krill desaparecer, muitas espécies também desaparecerão.

- Os principais predadores dos krills são os pinguins, algumas espécies de focas, os albatrozes e as baleias.

- O maior animal do planeta, a baleia-azul, que chega a trinta metros de comprimento e 150 toneladas, também se alimenta de krill. Para manter seu enorme corpo, ela pode comer cinco toneladas de krill por dia!

MECA

Esse é grande!

- O meca pode atingir até quatro metros de comprimento e o peso de 540 quilos! Ele está ameaçado de extinção, e o homem costuma pescar esse peixe ainda jovem, quando atinge um metro de comprimento.

- Quando jovem, o meca possui escamas que vão desaparecendo à medida que se torna adulto.

- Ele pode ser cinza-azulado ou castanho na parte de cima do corpo e marrom-claro ou esbranquiçado na parte de baixo.

- O meca vive sozinho ou em pequenos grupos e não para muito tempo em um lugar, migra de uma área para outra.

Proteção afiada

- Seu maxilar superior é bem comprido e possui a forma de uma espada. Em algumas espécies esse "bico" é serrilhado, em outras é liso.

- O meca também é conhecido pelos nomes agulhão, espadarte, pirapucu e peixe-espada (que na verdade é o nome de outra espécie, veja a página 55).

Onde encontrar

O meca é um peixe que adora as águas quentes e tropicais, principalmente do oceano Atlântico.

Um caçador veloz

- O meca é um caçador agressivo. Ataca animais grandes e pequenos, peixes, crustáceos e moluscos. Come de tudo um pouco.

- Ele nada muito bem e muito rápido, atingindo a velocidade de oitenta quilômetros por hora!

Hora do lanche

O meca utiliza o maxilar superior em forma de "espada" para se proteger e para capturar alguns peixes.

PEIXE-ANJO

Uma família bem grande

- Existem muitas espécies diferentes de peixe-anjo que vivem em águas tropicais ao redor de todo o planeta.

- Quando ficam adultos, a maior parte deles tem de dez a quarenta centímetros. Mas há algumas espécies bem curiosas, como o peixe-anjo-pigmeu. Ele vive no Pacífico Sul, tem cores bem fortes e atinge o tamanho de dois a oito centímetros quando fica adulto! E também tem o peixe-anjo-imperador, que depois de crescer chega a ter de 26 a cinquenta centímetros!

Existem várias espécies de peixes-anjo, com diferentes combinações de cores.

Onde encontrar

Ele gosta de viver em recifes de corais e lugares com cavernas, desde que não muito profundos.

Você sabia?

Todos os peixes-anjo nascem fêmea e, depois, podem se transformar em macho. Inacreditável, não é? Eles vivem em famílias formadas por um macho e de duas a cinco fêmeas. Se o macho morre, uma das fêmeas pode mudar de sexo e ocupar o lugar dele.

Que peixe mais lindo!

Os peixes-anjo possuem o corpo ovalado, a boca pequena com dentes em forma de cerdas (parece uma escova!) e focinho levemente saliente. Por serem muito bonitos e coloridos, são bastante procurados para criação em aquários.

Hora do lanche

Que delícia!

- Os peixes-anjo comem corais moles, ovos de outros peixes, vermes e algas. Mas do que eles gostam mesmo é de esponjas-do-mar, principalmente as vermelhas e as laranjas.

- Algumas espécies de peixes-anjo são limpadoras. Elas removem parasitas e a pele morta de outros peixes e... comem tudo!

PEIXE-ESPADA

Espada ou leque?

- O peixe-espada tem o corpo muito comprido e estreito. Os machos possuem uma cauda longa e pontuda, que lembra o formato de uma espada. A cauda das fêmeas é diferente, tem o formato de leque.

- Quando adulto, o peixe-espada chega a ter dois metros de comprimento e a pesar quatro quilos.

- Não confunda o peixe-espada com o meca, eles são muito diferentes. A única coisa em comum é o nome, pois o meca (página 53) também é chamado de peixe-espada.

Hora da caçada

- Durante o dia, os peixes-espada adultos vão para a parte mais rasa caçar e, à noite, ficam mais no fundo do mar.

- Os peixes-espada mais novos fazem o contrário: formam cardumes no fundo do mar para se proteger durante o dia e só vão para a superfície caçar durante a noite.

Hora do lanche

Mastiga tudo... até os próprios filhotes!

- A boca do peixe-espada é grande e com dentes afiados. Ele come peixes, moluscos e crustáceos.

- A fêmea do peixe-espada fica grávida por quarenta dias e, então, nascem de cinquenta a cem filhotes. Assim que nascem, os pequenos correm para se esconder porque podem ser devorados até pelos próprios pais!

Gosta de...

O peixe-espada adora dar uns saltos para fora da água, mas, seja na parte mais rasa, seja na mais funda do mar, ele gosta mesmo é de ficar perto da areia e da lama.

Onde encontrar

O peixe-espada não gosta de água fria, por isso vive nas regiões mais quentes, próximas do litoral.

Você sabia?

- Quase todos os peixes-espada têm escamas, mas os peixes-espada-pretos possuem pele lisa e nenhuma escama.

- O peixe-espada-preto é o mais comprido dessa família, parece uma enguia! Ele gosta de nadar em regiões mais fundas, com duzentos a 1.700 metros de profundidade.

© OpenCage.info/ CC BY-SA 2.5

O peixe-espada, diferentemente do meca, não tem apenas o maxilar superior, mas todo o corpo comprido em formato de espada.

SALMÃO

Vencendo obstáculos

- O salmão tem um dos comportamentos mais incríveis da natureza. Ele nasce nos rios e depois de jovem viaja para os oceanos Atlântico ou Pacífico.

- Antes de subir as fortes corredeiras do rio, eles se reúnem e depois iniciam a difícil subida para poder depositar seus ovos.

- A escolha do lugar de desova é muito importante. A fêmea escava a areia, fazendo uma depressão no fundo do rio, usando a lateral do corpo e mexendo fortemente a cauda.

- A fêmea deposita de 2 mil a 5 mil ovos com cinco a seis centímetros. São ovos grandes, mas não tão numerosos se comparados aos de outros peixes. A carpa, por exemplo, põe em média 100 mil ovos.

Quando chega à idade adulta, entre três e oito anos de idade, o salmão volta para desovar no mesmo rio em que nasceu.

Envelhecimento rápido

- Depois de depositar os ovos, o salmão envelhece muito rapidamente.

- Os cientistas não sabem ao certo como isso acontece, mas a pele apresenta manchas brancas e começa a se desfazer.

- Os órgãos internos, como fígado, intestino e rins, também envelhecem rapidamente.

- O envelhecimento acelerado leva o peixe à morte.

Atenção aos predadores

- Em média o salmão alcança 65 centímetros e 2,7 quilos e pode ser uma boa refeição para diferentes predadores.

- Quando filhotes, os salmões são capturados principalmente por outros peixes maiores.

- Na fase adulta, os salmões são capturados por focas e orcas.

- Nos rios, os principais predadores dos salmões são as águias e os ursos.

Hora do lanche

Carne vermelha

- A cor do salmão é avermelhada porque eles adoram comer crustáceos, como camarões e caranguejos.

- Devido à sua alimentação, a carne dos salmões tem um pigmento natural avermelhado chamado caroteno.

SARDINHA

As sardinhas servem de alimento para peixes maiores e também para aves marinhas.

A origem do nome

As sardinhas recebem esse nome por causa da ilha da Sardenha, que fica localizada no mar Mediterrâneo, próxima da Itália. As sardinhas já foram bem numerosas nessa região.

Hummm!

- Existem nove espécies diferentes de sardinhas que são exploradas comercialmente.
- Junto com as anchovas e os arenques, que são do mesmo grupo, as sardinhas são os peixes mais consumidos mundialmente há centenas de anos.
- A sardinha assada é um típico prato em Portugal, mas sua pesca é proibida na época de reprodução.

Filhote apressadinho

- O ovo da sardinha eclode em apenas vinte horas.
- O filhote cresce rapidamente, tornando-se adulto em 45 dias.

Essa gosta da galera

- As sardinhas são peixes que gostam de viver em grandes grupos. Elas são pequenas, medindo de dez a 25 centímetros de comprimento, e vivem menos de quatro anos.
- Seu corpo é comprido e o formato lembra o de um foguete. A boca da sardinha é pequena e desdentada, por isso ela se alimenta de plânctons formados por animais minúsculos.
- Cada fêmea de sardinha põe de 20 mil a 50 mil ovos toda primavera.
- Algumas espécies de sardinha sobem os rios e são adaptadas à água doce, mas a maioria vive no mar.

Hora do lanche

Pequenos, mas saborosos

As sardinhas se alimentam de microrganismos que vivem no mar – o fitoplâncton e o zooplâncton.

TUBARÃO

Tubarão de todo tipo

- Existem várias espécies de tubarão bem diversificadas entre si.
- O tubarão é um peixe. Sua pele é resistente e flexível, coberta por pequenas escamas que mais parecem pequenos dentes afiados e a fazem parecer uma lixa.
- Ele é parente da arraia e, portanto, também tem o esqueleto cartilaginoso.

Olfato, visão e outros supersentidos

- Um sentido muito desenvolvido nos tubarões é o olfato. Estima-se que eles consigam sentir o cheiro de uma gota de sangue em uma piscina!
- A visão do tubarão também é muito desenvolvida. Seu olho é dez vezes mais sensível à luz do que o olho humano!
- Eles conseguem ver cores, e algumas espécies perseguem qualquer coisa que brilhe ou que seja feita de metal.
- Os tubarões possuem células sensoriais em seus flancos que servem para perceber ondas de pressão provocadas por outras criaturas que passem por perto.

Onde encontrar

Os tubarões preferem viver nas regiões mais quentes. Mas algumas espécies gostam das águas frias do norte de nosso planeta. Outras chegam a entrar nos rios, como o tubarão-cabeça-chata.

O tubarão-corre-costa, como o próprio nome diz, prefere ficar perto do litoral, apesar de conseguir nadar também em grandes profundidades.

Mais velhos que os dinossauros

- Os tubarões existem há 400 milhões de anos, ou seja, 200 milhões de anos antes de aparecerem os dinossauros já existiam tubarões!
- Os primeiros tubarões eram bem diferentes dos que conhecemos hoje. Alguns deles pareciam mais com as enguias. Outros tinham o focinho arredondado e os dentes não eram tão afiados.
- O tubarão de chifres possui as mesmas características há mais de 150 milhões de anos.

O tubarão-baleia é o maior dos tubarões e o maior peixe do mar. Pode medir vinte metros de comprimento e pesar mais de 12 toneladas, mas é bem dócil e se alimenta de plânctons, peixes pequenos e lulas.

Os menores

Os tubarões-anões atingem no máximo vinte centímetros de comprimento e eram considerados os menores tubarões do mundo até ser descoberto o tubarão pigmeu, que é um pouco menor. Ele lembra bastante o tubarão-branco, vive em águas profundas e brilha no escuro!

Tubarão afunda?

- Quase todos os peixes têm uma bexiga natatória que os ajuda a flutuar mesmo quando estão parados. Os tubarões não possuem essa bexiga, por isso não podem parar de nadar, senão afundam!

- A maioria dos tubarões possui cinco pares de fendas branquiais verticais, que são aberturas nas laterais da cabeça por onde eles respiram. Algumas espécies possuem até sete pares.

Hora do lanche

Nhoc!

- Os tubarões são bem comilões. Comem peixes, crustáceos, baleias, tartarugas, focas e aves marinhas. Algumas espécies comem até seus próprios filhotes.

- Os tubarões possuem de seis a sete fileiras de dentes afiados e trocam de dentes várias vezes durante o ano.

- Mesmo com todos esses dentes, o tubarão não mastiga sua comida – ele engole a presa inteira. Seus dentes são usados apenas para segurar a vítima.

O tubarão-cabeça-chata

- O tubarão-cabeça-chata pode viver tanto na água salgada como na água doce.

- Esse tubarão também recebe os nomes de tubarão-touro e tubarão-do-zambeze.

- O tubarão-cabeça-chata é vivíparo, ou seja, não bota ovos e os filhotes nascem diretamente da mãe.

- Quando adultos, podem medir até 3,5 metros de comprimento e pesar 230 quilos. Eles vivem até 14 anos.

A boca do tubarão-martelo é bem menor que a dos outros tubarões e os dentes são pequenos. Ainda assim, ele é o oitavo tubarão mais perigoso do mundo e pode atacar o homem se for provocado.

O tubarão-branco pode medir até oito metros e pesar duas toneladas. Tem a fama de ser o mais perigoso e é o maior caçador do mar. Seus dentes são pontudos e muito afiados.

Tubarão-martelo

- A cabeça do tubarão-martelo tem um formato que lembra um martelo. Nas laterais da cabeça ficam seus olhos, um para cada lado.

- Ele nada em águas mais rasas que os outros tubarões e, nos meses mais quentes, migra em direção aos polos, procurando água fria.

- Ele é muito mais sensível que os demais tubarões e consegue detectar a presença de outros seres mesmo que estejam longe, enterrados na areia ou escondidos nas pedras.

S.O.S. tubarões

- No século XX, todas as espécies de tubarão do mundo tiveram uma grande diminuição em sua população e várias passaram a ser ameaçadas de extinção.

- Só no Brasil, são mais de trinta espécies de tubarão que correm risco de desaparecer.

- Todo ano, os homens pescam mais de 100 milhões de tubarões ao redor do mundo!

O grande tubarão-branco

- O tubarão-branco não é de muitos amigos e tem o temperamento instável. Mesmo sendo tão temido, está ameaçado de extinção.

- Esse tubarão tem centenas de sensores elétricos na parte da frente de seu corpo. Com isso ele percebe a presença de outros animais e até detecta as batidas do coração de um ser vivo há quilômetros de distância.

- O tubarão-branco gosta de alimentos gordurosos, por isso caça elefantes-marinhos, focas e leões-marinhos. Como esses animais vivem em regiões muito frias, o tubarão-branco também escolhe as águas geladas para morar.

Outros fortões

Tubarão-tigre

Os tubarões-tigre são muito perigosos, agressivos e ótimos caçadores. A pele deles é listrada, e um adulto pode medir até cinco metros de comprimento e pesar setecentos quilos. Ele come de tudo... até o que não é para comer, como plástico, pneus, metal, vidro e latas vazias. Mas depois não se sente nada bem com a comilança e pode até morrer.

© Stephen Frink/ Corbis /Latinstock

Você sabia?

- Apesar da fama dos tubarões de serem assassinos terríveis, eles não atacam sem motivo e poucas espécies oferecem risco para os homens. Existem cerca de 450 espécies de tubarão, mas foram registrados ataques de apenas trinta delas.

- O tubarão-branco e o tubarão-cabeça-chata são os responsáveis pela maior parte dos acidentes com seres humanos.

Tubarão-azul

O tubarão-azul tem, em média, 3,5 metros de comprimento. Ele é um dos mais vistos tanto em áreas costeiras como em alto-mar. É um dos tubarões mais pescados pelo homem.

Tubarão-boca-grande

O tubarão-boca-grande é um dos tubarões mais raros. Até hoje só foram vistos 22. Ele só come plâncton e pode ter mais de 5,5 metros de comprimento. Esse tubarão sobe para a superfície durante a noite para comer. Quando chega o dia, ele desce para as profundezas do mar.

© Age fotostock/ Easypix

Tubarão-serra

O tubarão-serra tem o focinho na forma de uma serra dentada. Ele pode chegar a 1,7 metro de comprimento. Esse tubarão usa o focinho achatado para atordoar peixes pequenos e outras criaturas, batendo neles com os dentes afiados de sua "serra".

© Gord Webster/ CC BY-SA 2.0

FUNDO DO MAR

PROFUNDIDADE
1 m a 4.000 m

TEMPERATURA
2 °C a 25 °C

PRESSÃO
Até 400 ATM

Os animais que vivem no fundo do mar são geralmente encontrados enterrados na areia, entre as rochas ou em tocas. São observados presos ao fundo, como as esponjas, ou se locomovendo, como os camarões, os polvos e os caramujos. A profundidade onde vivem pode variar e, por isso, animais com essas características são encontrados tanto em águas mais rasas, de até um metro, quanto em regiões mais profundas.

ABUNDÂNCIA DE ESPÉCIES

CAMARÃO

A maioria dos camarões vive no fundo do mar em cardumes, como os peixes.

Parente das lagostas

- O camarão é um crustáceo, parente do siri e da lagosta. Não possui ossos, mas tem uma casca por fora do corpo protegendo tudo.
- Os camarões têm dez pernas, dois olhos, duas antenas e trocam de casca para poder crescer.
- Enquanto as lagostas vivem muito tempo, os camarões vivem em média só um ano e meio.

Que trabalheira!

Um camarão fêmea põe de 500 mil a 1 milhão de ovos por vez e algumas espécies carregam esses ovos para todos os cantos com a nadadeira da cauda ou no meio das pernas até os filhotinhos nascerem.

Você sabia?

- Os camarões têm o coração na cabeça! Na verdade, assim como todos os crustáceos, eles têm a cabeça grudada no tórax e os dois juntos formam o cefalotórax.
- Eles são bons nadadores. Fazem um movimento ritmado, mexendo seus vários pés, e conseguem nadar para trás, movendo rapidamente a parte final da cauda aberta.

Onde encontrar

- Existem camarões de água doce e de água salgada. No Brasil, encontramos diversas espécies de camarões.
- Alguns camarões vivem nas praias. Ficam escondidos na areia mole durante o dia e saem para comer quando anoitece.
- Em 2010, cientistas da Nasa encontraram um tipo de camarão em águas da Antártida, debaixo de uma camada de gelo de 183 metros de espessura! O bichinho tinha oito centímetros de comprimento. Esse gostava de frio, hein? Brrrrrrr...

O camarão-limpador come restos de alimentos que ficam presos nos dentes de alguns peixes, como a moreia.

Você sabia?

- Existe uma anêmona vermelha na costa do Alasca que vive em sociedade com o camarão-palhaço. Eles se dão superbem!

- As anêmonas servem de abrigo e esconderijo para os minúsculos camarões. Para retribuir, os camarões limpam os tentáculos delas, comendo a sujeira que encontram.

- Uma dessas anêmonas mede por volta de dez centímetros e possui de sessenta a oitenta tentáculos! Cada uma delas chega a servir de abrigo para até cem camarões pequeninos.

Tamanhos e cores

- Existem camarões de diferentes cores – rosados, cinzas, brancos, marrons – e, também, de diferentes tamanhos.
- O camarão-branco, facilmente encontrado no litoral brasileiro, chega a ter vinte centímetros de comprimento.
- O menor camarão do mar mede apenas alguns milímetros.
- O maior camarão do Brasil é o pitu, um camarão de água doce que atinge 48 centímetros! Ele é encontrado facilmente na Amazônia e no Nordeste de nosso país.

Esses limpam o prato!

- Os camarões comem algas, plânctons e qualquer animal morto que encontrarem apodrecendo no fundo do mar.
- Tem até camarão que vive de limpar as brânquias de outros peixes. As brânquias são aquelas aberturas por onde os peixes respiram. Os camarões removem os parasitas e a sujeira grudados nessas aberturas e comem tudinho.

Hora do lanche

CARAMUJO

Que bicho mole!

- Os caramujos são parentes dos polvos. Assim como eles, são moluscos, animais de corpo mole. Apesar disso, os caramujos são muito resistentes, pois ficam protegidos por uma concha.

- O curioso é que o próprio caramujo produz essa concha e, quando ele cresce, a concha também aumenta de tamanho porque o bichinho vai produzindo mais material e acrescentando a ela.

- Um caramujo do mar mede uns três milímetros ao sair do ovo e já nasce com a concha pequenina. Ele cresce rápido e, com seis meses de vida, tem entre 13 e 15 centímetros. A maioria dos caramujos cresce ao longo dos seis primeiros anos de vida!

- Os caramujos do mar respiram pelas brânquias, igual aos peixes.

- Eles possuem quatro tentáculos na cabeça, que mais parecem antenas. Os olhos deles ficam na ponta dos dois tentáculos mais compridos.

As conchas produzidas pelos caramujos servem para proteger seu corpo mole.

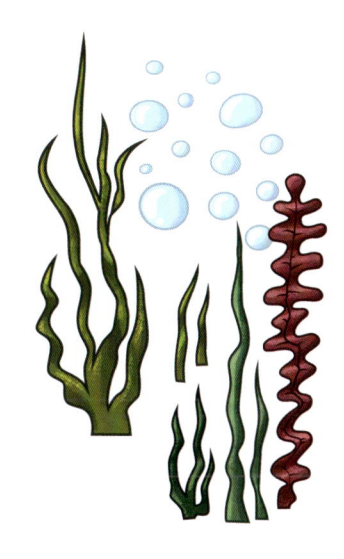

Você sabia?

- Os caramujos possuem parentes muito próximos que vivem na terra, os caracóis. Mas a família é mais numerosa no mar.

- Os nomes "caracol" e "caramujo" são sinônimos, mas, popularmente, caracol é mais usado para os animais terrestres, e caramujo, para os aquáticos.

- Outro parente do caramujo é a lesma. Elas não possuem concha e algumas vivem tanto na terra quanto na água salgada ou doce.

Os moluscos podem produzir conchas de diferentes tamanhos, cores e formatos.

Que bicho antigo!

- O caramujo é um dos animais mais antigos do nosso planeta. Ele surgiu há 500 milhões de anos, muito tempo antes dos dinossauros!

- O caramujo existia antes mesmo de os peixes começarem a se desenvolver no oceano e eles eram bem maiores que os de hoje em dia. Existe uma concha fóssil de caramujo do mar com 2,5 metros de comprimento!

- Atualmente, o maior caramujo dos mares brasileiros é o *Adelomelon becki*. A concha dele pode ter até sessenta centímetros de comprimento.

Você sabia?

Existe um caramujo marinho que tem um veneno muito forte usado para capturar suas presas. É um caramujo em forma de cone e que está entre os animais mais venenosos do mundo. Seu veneno tem efeito analgésico e está sendo estudado para a produção de remédios que tiram a dor.

Onde encontrar

Os caramujos vivem no fundo do mar, arrastando-se sobre a areia e pelas pedras. Eles gostam de morar nos corais, onde há muito espaço para rastejar. E também existem caramujos que vivem lá na zona abissal.

Hora do lanche

Quase vegetarianos...

- A maioria dos caramujos só come plantinhas... As algas são seu prato predileto.

- Alguns deles também comem outros animais, ovos de peixes e tudo o que encontrarem morto pelo caminho.

- Mesmo sendo parentes, os polvos são seus principais predadores: os polvos adoram comer um caramujo!

CAVALO-MARINHO

Cavalo é peixe?

- Sim, o cavalo-marinho é um peixe. E, se não bastasse o jeito diferentão, ele ainda consegue mudar de cor, igual aos camaleões!

- A cabeça do cavalo-marinho é alongada, bem parecida com a dos cavalos. É por isso que ele tem esse nome.

- Existem muitas espécies de cavalos-marinhos que vivem no mar. Eles são encontrados onde a água é mais quente ou agradável e não gostam nada de banho gelado.

- Todas as espécies de cavalo-marinho são consideradas vulneráveis, ou seja, podem se tornar ameaçadas de extinção.

- Os cavalos-marinhos podem atingir até 15 centímetros de comprimento e pesam de cinquenta a cem gramas. Eles podem ter diferentes cores: vermelho, amarelo, marrom.

Você sabia?

- Os cavalos-marinhos têm dois olhos saltados e conseguem mexer cada olho para um lado diferente.

- Eles nadam em pé, vibrando as nadadeiras. Não se deslocam com velocidade, por isso preferem morar em águas tranquilas e que ofereçam lugares para eles se esconderem, como algas e outras plantas marinhas.

O corpo do cavalo-marinho é recoberto por placas durinhas em forma de anéis. Além disso, eles têm espinhos nas nadadeiras.

Pai cuidadoso, mas não muito

- Quem cuida da ninhada de cavalos-marinhos é o papai! A cada primavera, a fêmea bota ovos que o macho guarda em uma bolsa na base de sua cauda. Os ovos ficam protegidos lá até os bebês nascerem.

- Dependendo da temperatura da água, o pai pode ficar com os ovos de nove a 69 dias.

- Quando os filhotes nascem é cada um por si. Nem o pai, nem a mãe ficam cuidando dos pequenos cavalos-marinhos.

- Os filhotinhos têm cerca de um centímetro de comprimento e são transparentes.

Sugadores

Os cavalos-marinhos comem moluscos, vermes, crustáceos e plânctons. Eles sugam a comida com seu focinho, como se fosse um canudinho.

Hora do lanche

ENGUIA

Parece mas não é...

Apesar de parecerem com as cobras, as enguias não têm nada a ver com elas. As enguias são peixes que vivem no mar e na água doce. Suas escamas são bem pequenas e ovais, e elas possuem fileiras de dentes pequenos e afiados. Costumam dormir de dia e ficar ativas à noite.

Enguia não dá choque!

- A enguia elétrica, apesar de aparecer em muitas histórias e desenhos animados, não existe de verdade. As enguias que habitam os mares não dão choques.
- As enguias são parentes das moreias e, assim como elas, parecem uma cobra, com o corpo comprido e cilíndrico.

Onde encontrar

As enguias gostam de ficar onde tem areia ou chão lodoso. Passam o dia enterradas na lama, escondidas entre as pedras ou em algum buraco.

As enguias podem chegar a 2,5 metros de comprimento e pesar em torno de quarenta quilos, além de viver até 22 anos.

Você sabia?

- As enguias nascem no mar e, depois, são levadas pelas correntes marítimas para os rios, onde passam toda a juventude. Quando atingem o período de se reproduzir, voltam para o mar, botam seus ovos e morrem. Cada fêmea consegue botar até 1 milhão de ovos!

- As enguias conseguem sair da água e se deslocar pelo terreno úmido ou alagado. Desse jeito, acabam chegando até lagoas e lagos que não têm comunicação direta com os rios.

Bicho comilão!

- A enguia come ovos e outros animais. Ela é muito voraz!
- Quando vive nos rios, caça pequenos peixes, anfíbios, grandes larvas, crustáceos, mas também encara uma alga de vez em quando...
- Se a comida rarear, ela não se aperta: devora o que encontrar morto pelo caminho, mesmo que já esteja em decomposição.

Hora do lanche

ESPONJA

Um bicho que não sai do lugar

- As esponjas são animais muito antigos. Existem há 1 bilhão de anos! Há muito mais tempo que os corais.
- Elas são animais que não saem do lugar, a não ser que sejam carregadas pelas correntes marítimas. Vivem presas nas rochas, nas conchas e até na areia do fundo do mar.
- A maioria das esponjas é marinha, mas algumas espécies vivem em água doce.
- O corpo da esponja parece uma bolsa, oco por dentro, com uma abertura na parte de cima. A esponja não tem órgãos, como estômago, coração, cérebro... nada disso.
- Um pedaço de uma esponja-do-mar pode dar origem a uma nova esponja inteira. É parecido com o que acontece com as estrelas-do-mar.
- Uma esponja-do-mar pode brotar, de um jeito parecido ao que acontece com as plantas. O broto vai crescendo e se separa do corpo da esponja-mãe para virar outra esponja, igual a ela.

Onde encontrar

- Existem milhares de espécies de esponjas. Elas podem viver em lugares bem rasinhos ou em profundidades de mais de 6 mil metros!
- Em águas mais frias vivem as espécies menores, já em águas quentes, como no Caribe, vivem as espécies maiores, com mais de um metro.

© Nick Hobgood/ CC BY-SA 3.0

O tamanho das esponjas é muito variado. Existem as de poucos centímetros e as de até dois metros de comprimento, com formas muito curiosas, como as de barril, de vasos, tubulares etc.

Hora do lanche

Filtro natural

- As esponjas se alimentam por filtração. Elas fazem a água entrar pelos buraquinhos que têm em todo o corpo. A água sai pela abertura do alto do corpo e os pedacinhos de comida ficam presos dentro delas.
- Elas filtram cerca de 25 litros de água por hora.

Raio X da esponja

- Algumas esponjas são formadas por estruturas chamadas espículas, parecidas com pequenos espinhos, que em contato com nossa pele podem provocar inflamações.
- Outras espécies têm o corpo formado por uma estrutura chamada espongina, que é extremamente macia.
- Suas cores são muito variadas. As esponjas podem ser amarelas, verdes, vermelhas, laranja e em outras tonalidades.
- A esponja só pode sobreviver dentro da água. Quando retirada, ela morre rapidamente.

Esponja artificial

- Podemos usar pedaços de esponjas-do-mar para tomar banho ou limpar a casa!
- Ainda bem que os homens passaram a usar esponjas vegetais, como a bucha, ou fabricadas artificialmente, diminuindo a captura de esponjas-do-mar.

As esponjas fazem parte de um filo chamado Porífera. Os animais desse grupo possuem muitos buraquinhos, como poros, por onde a água circula levando oxigênio e alimento.

ESTRELA-DO-MAR

Um bicho muito antigo

- As estrelas-do-mar existem há 500 milhões de anos. São quase tão antigas quanto os caramujos e surgiram antes dos peixes.

- Elas são parentes dos ouriços-do-mar. Os dois são equinodermos: animais que só vivem no oceano, possuem o esqueleto de calcário e, muitas vezes, espinhos. Os equinodermos respiram por brânquias iguais às dos peixes, mas minúsculas. A respiração também é feita pelos pés, por onde a água circula.

- Se uma das pontas da estrela é cortada, ela cresce de novo e o pedaço que foi separado do corpo dará origem a uma estrela-do-mar novinha!

Vai uma água gelada aí?

- A temperatura do corpo das estrelas-do-mar varia de acordo com a temperatura do lugar em que estão, igual ao que acontece com os peixes e os crustáceos.

- Para elas, o ideal é entre 18 °C e 25 °C, mas as estrelas que vivem nas rochas do litoral, quando a maré recua durante o dia, tomam um banho de sol sem a proteção da água.

- Como essas estrelas aguentam o calor? Algumas espécies, quando estão cobertas pelo mar, enchem o corpo com água. Aí, quando ficam expostas ao sol, usam essa reserva de água para resfriar o corpo.

Se ficar de costas, a estrela-do-mar movimenta seus braços e pés em uma cambalhota para voltar à sua posição natural. Essa ginástica pode durar apenas vinte segundos!

Onde encontrar

- As estrelas-do-mar vivem em todo o mundo e gostam de morar em praias rochosas.

- Mais para o fundo do mar, se não encontram rochas, escondem-se na areia ou no lodo.

Abraço mortal

- As estrelas-do-mar comem moluscos, crustáceos e vermes. Algumas vezes elas se alimentam de peixes pequenos e, também, de algas marinhas, plânctons e animais em decomposição.

- Elas têm um jeito diferente de comer os animais que possuem concha ou casca, seus prediletos: abraçam a presa, abrem a casca com seus braços e depois comem tudo o que tiver dentro.

Hora do lanche

Você sabia?

- As pontas das estrelas-do-mar são braços. Cada braço possui muitos pequenos pés, chamados pés ambulacrários, usados para locomoção.

- Os olhos das estrelas-do-mar ficam na ponta de cada braço. Apesar de terem vários olhos, as estrelas não enxergam as imagens como a gente. Elas apenas percebem a luminosidade.

- Com a ponta de cada braço, as estrelas-do-mar também sentem o que estão tocando, assim como nossos dedos.

- A boca de uma estrela-do-mar fica na parte de baixo, no centro do seu corpo. Mas elas não possuem dentes. Para comer, elas viram o estômago do avesso, expandindo-o para cima da comida e digerindo tudo fora do corpo.

© Antti Nissinen/ CC BY 2.0

As estrelas-do-mar podem ser pequenininhas, com menos de um centímetro, ou grandalhonas, com quase um metro de uma ponta a outra de seus braços.

Cada estrela tem seu jeito

- Existem diversas espécies de estrelas-do-mar de muitas cores diferentes, quase sempre cores vibrantes, e algumas até brilham no escuro.

- Algumas estrelas-do-mar possuem espinhos, que na verdade são parte de seu esqueleto, e a maioria tem cinco braços iguaizinhos. Mas nem todas são parecidas com estrelas e algumas possuem muitos braços.

- Também existem estrelas com os braços muito curtos ou muito finos.

Nasce uma estrela

- As estrelas-do-mar botam ovos e, quando o filhotinho nasce, ele não tem o formato de uma estrela, mas sim de uma larva, que passa por diferentes fases de crescimento até chegar ao formato que conhecemos.

- Algumas espécies de estrelas-do-mar chegam a viver de nove a trinta anos.

Grandalhonas e pequeninas

- A estrela-do-mar-sol é uma das maiores. Quando novinha, tem cinco braços, mas quando fica adulta chega a ter 24. Você faz ideia de quantos pés ela possui? Mais ou menos 15 mil!

- Em 2007, foi descoberta na Austrália a menor estrela-do-mar do mundo, a estrela-espinho-do-remo. Ela tem menos de cinco milímetros e parece um floco de neve!

As cores vivas das estrelas-do-mar sinalizam aos possíveis predadores que elas não são comestíveis.

Você sabia?

- As estrelas-do-mar não são famosas por sua velocidade. Algumas passam dias praticamente no mesmo lugar.

- A estrela-do-mar-sol é a mais rápida de todas: consegue se deslocar cinquenta centímetros em apenas um minuto!

GAROUPA

Existem espécies de garoupa de cores bem vivas e chamativas.

Fortinhas e grandalhonas

- Existem muitas espécies de garoupa; elas são a família mais variada do litoral brasileiro.
- As garoupas possuem escamas, costumam ser gorduchas, bem fortinhas e grandalhonas. Normalmente medem de trinta a sessenta centímetros, mas algumas chegam a ter um metro. As maiores pesam mais de cinquenta quilos!
- A maioria das garoupas possui cores que variam em tons de cinza, marrom e avermelhados. Normalmente possuem manchas pelo corpo que podem ter essas mesmas cores em tons mais escuros ou serem esverdeadas ou amareladas.

Você sabia?

- O corpo da garoupa-amarela-e-azul muda de cor conforme ela cresce. Quando ainda é jovem, ela tem o corpo azul e amarelo. E, quando se torna adulta, seu corpo fica todo preto.
- A garoupa-estrelada é uma das mais bonitas dessa família. Ela pode ter de 25 a sessenta centímetros e seu corpo é laranja com pintas azuis.
- A garoupa-gigante vive em recifes de corais e pode ter de dois a quatro metros de comprimento e pesar trezentos quilos!

A boca de uma garoupa é bem grande e possui muitos pequenos dentes.

Onde encontrar

As garoupas vivem nas águas quentes do oceano Atlântico. Gostam de água não muito profunda, com lugar para se esconder e com temperatura agradável. Por isso, é mais comum encontrá-las em lugares rochosos ou em recifes de corais.

Caseiras e tranquilas

- As garoupas costumam viver sozinhas ou em pequenos grupos, com duas ou três companheiras dividindo a mesma toca.
- Elas gostam muito de ficar dentro da toca e só saem de lá para comer ou espantar um invasor. Mas, assim que espantam, voltam correndo para dentro de sua casa.
- As garoupas parecem bem mansas e deixam os mergulhadores chegarem bem pertinho... Elas são muito curiosas, mas, se algum animal invadir seu território, elas o defendem pra valer!

Você sabia?

- As garoupas começam a vida como fêmeas e, mais tarde, transformam-se em machos.
- O mero é um parente da garoupa. Ele pode medir quase três metros e pesar de 250 a quatrocentos quilos! Acontece que ele está ameaçado de extinção e sua pesca é proibida. O mero é encontrado no litoral do Brasil e gosta de se esconder em tocas de recifes de corais ou mesmo em navios que afundaram.

Hora do lanche

De uma só mordida!

- As garoupas comem crustáceos, pequenos peixes e moluscos. E são bem gulosas: engolem a comida inteira de uma só vez, sem nem mastigar!
- A garoupa-de-sela-negra é a mais feroz de todas. Ela mede de um a dois metros e come de tudo, até outras garoupas!

LAGOSTA

Um bicho bem diferente...

- A lagosta faz parte do grupo dos crustáceos, animais de corpo mole que possuem uma carapaça dura protegendo tudo, como se fosse um escudo.
- No nosso corpo o esqueleto fica do lado de dentro, não é mesmo? Com os crustáceos é como se o esqueleto deles ficasse do lado de fora do corpo.

Vivem para sempre?

- As lagostas não envelhecem, não ficam mais fracas com a idade, não perdem o apetite nem a agilidade.
- Os cientistas nem sabem direito qual a idade que uma lagosta pode atingir...

Onde encontrar

- As lagostas ficam a uma profundidade de setenta a duzentos metros, mas podem dar uma escapadinha para a costa no período de reprodução.
- No litoral brasileiro, as lagostas vivem desde a região Nordeste até São Paulo.
- Elas moram onde existem rochas ou vegetação e passam o dia inteiro escondidinhas em buracos nas pedras, em corais ou nos emaranhados de algas. À noite elas saem para buscar comida.
- As lagostas são agressivas e territorialistas. Vivem em grupos e lutam para definir quem é a mais forte para ser a líder do grupo.

© Chris Newbert / Minden Pictures/ Latinstock

Pela aparência esquisita, as lagostas recebem o apelido de baratas do mar. Na verdade, as lagostas não têm nada a ver com baratas. Elas são parentes dos camarões, dos caranguejos e dos siris!

Hora do lanche

Cuidado com o vizinho!

- O cardápio das lagostas é enorme: elas comem até cem tipos de animais!

- As lagostas não são boas vizinhas: comem praticamente todos que morarem na vizinhança!

- Elas caçam todas as espécies de crustáceos, devorando até mesmo outras lagostas. E gostam muito de comer caramujos e animais mortos.

- Ah, e um segredinho: as lagostas têm um hábito parecido com o dos cachorros! Assim como os cães, enterram os ossos. Às vezes, as lagostas enterram seu alimento para comê-lo depois de vários dias...

Que lagosta enorme!

- Como será que as lagostas crescem se elas possuem essa casca dura por fora do corpo? Elas trocam de casca várias vezes durante a vida para que o corpo aumente de tamanho!

- As lagostas não param de crescer por toda a vida, por isso a idade delas é estimada pelo tamanho. Para ter uma ideia: uma lagosta de meio quilo tem de cinco a sete anos de idade. A maior lagosta já pescada pesava 22 quilos! Devia ser bem velhinha, não é?

Você sabia?

- As lagostas possuem cinco pares de patas. As duas da frente, que são maiores, são garras que podem ter o formato para esmagar ou cortar.

- Elas também têm quatro antenas longas, muito sensíveis, que servem para sentir o cheiro de sua comida.

- Uma coisa bem interessante sobre as lagostas é que, se uma parte do corpo delas for arrancada, uma pata, por exemplo, crescerá uma nova no lugar! Isso acontece também com outros crustáceos.

© Julie Bedford/ NOAA/ PA/ Governo dos Estados Unidos

As antenas da lagosta são bem resistentes e servem para que elas se defendam, chicoteando quem a ameaça.

LINGUADO

Peixe chato?

- Os linguados são peixes que chamam a atenção pelo seu formato achatado e com um lado do corpo bem diferente do outro. Eles têm os dois olhos do mesmo lado da cabeça.

- Ao nascer, o linguado tem a aparência de um peixe comum, com um olho de cada lado da cabeça. Mas um dos olhos migra de lado conforme ele vai crescendo.

- A maioria das espécies de linguado vive em água salgada. Mas também existe o linguado-de-água-doce.

- Alguns tipos de linguado podem chegar a um metro de comprimento e a pesar mais de dez quilos! Outros atingem apenas 35 centímetros.

- Muitos pensam que o linguado se enterra na areia, mas isso não é verdade. O peixe apenas fica parado sobre a areia do fundo do mar e o movimento da água vai jogando grãos sobre ele, cobrindo seu corpo aos poucos.

- Assim como os tubarões, os linguados não possuem bexiga natatória e afundam se param de nadar.

Camuflagem bicolor

- O corpo achatado do linguado tem duas cores diferentes, é castanho-escuro na parte de cima e branco na de baixo.

- Suas cores ajudam o linguado a se esconder dos predadores. Quando está no fundo do mar, sua cor se camufla com a areia e quando está nadando sua cor branca faz com que ele passe despercebido, pois a superfície é bastante clara por causa dos raios solares.

- Para ajudar na camuflagem, o linguado possui os dois olhos do mesmo lado do corpo. É como se ele tivesse os olhos nas costas.

- Dependendo da espécie de linguado, o olho direito migra para um lado da cabeça, já em outras espécies é o olho esquerdo que migra.

© Age fotostock/ Easypix

Quando estão imóveis, os linguados ficam sobre rochas no fundo do mar e são confundidos com a areia. Ao se sentirem em perigo, podem nadar rapidamente para buscar um novo local para se camuflar.

Hora do lanche

Ataque repentino

- O linguado adora comer peixes menores, como sardinhas e manjubas, e pequenos crustáceos, como camarões e caranguejos.

- Para capturar seu alimento, ele fica parado camuflado no fundo do mar aguardando a aproximação de suas presas.

OSTRA

As ostras possuem dezenas de pequenos olhos ao redor de seu manto, mas eles permitem apenas detectar variações de luminosidade e movimento.

São todos moluscos

- As ostras fazem parte do grupo dos moluscos, são parentes das lesmas, dos caramujos e também dos polvos e das lulas.
- As ostras fazem parte de um grupo conhecido como bivalves, que tem como característica apresentar duas valvas – as conchas – que se fecham e protegem os animais.

Onde encontrar

- As ostras podem ser encontradas em todos os mares do mundo, menos em águas muito frias ou poluídas.
- No início, as ostras viviam soltas nas águas e na areia, mas com o passar do tempo fixaram-se nas rochas.
- No Pacífico Sul existe um tipo de ostra gigante chamado tridacna, que pode chegar a pesar quinhentos quilos. Ela se alimenta de algas que nascem no interior de sua concha. Como a ostra também produz substâncias úteis às algas, acabam constituindo uma relação perfeita.

Iguaria na terra e no mar

- Apesar da aparência não muito agradável, a ostra é um molusco muito apreciado na culinária por diversos povos. Há evidências de caçadores de ostras em várias civilizações costeiras da pré-história.
- Os animais que comem as ostras são alguns peixes, as estrelas-do-mar e os caranguejos.

Fábrica de pérolas

- A "fabricação" da pérola se dá quando alguma substância estranha entra em contato com o corpo da ostra.
- Para se proteger, a ostra produz uma espécie de resina chamada de madrepérola, que envolve o agente invasor, seja ele sólido ou líquido.
- Com o passar do tempo, a madrepérola que vai se acumulando transforma-se em pérola, cujas cores podem ser bem variadas: preta, branca, cinza, vermelha, azul e verde.
- As pérolas utilizadas para fazer joias são aquelas com formato bem esférico.

Hora do lanche

Filtrando o alimento

- Para se alimentar, a ostra abre sua concha e suga a água para filtrar seus nutrientes, principalmente plânctons e microalgas que ficam presos em seu corpo mole, transportando-os até a boca.
- Quando a temperatura passa dos dez graus, as ostras costumam ingerir mais alimentos, chegando a filtrar até cinco litros de água por hora.

OURIÇO-DO-MAR

Bolinha espinhuda

- O ouriço-do-mar é parente da estrela-do-mar, ou seja, também é um equinodermo, e existe em todo o mar.

- Seu corpo é quase sempre arredondado. Parece uma bola, só que coberta de espinhos! Mas alguns têm o corpo meio achatado.

- Os espinhos são compridos e, algumas vezes, venenosos. Eles formam uma casca bem dura, que protege o ouriço.

- Existem ouriços-do-mar que medem poucos milímetros e outros que chegam a trinta centímetros.

Os dentes dos ouriços são bem fortes e servem também para escavar pequenos buracos nas rochas onde vivem para se instalarem por ali.

Você sabia?

- Existem ouriços-do-mar de muitas cores diferentes: esverdeados, avermelhados, brancos, pretos, marrons, roxos, rosados, azulados...

- Entre os espinhos, os ouriços possuem pequenas pinças. Com elas, eles conseguem pegar pequenos animais que estiverem ao redor de seu corpo.

Bebê ouriço

- O ouriço-do-mar nasce de um ovo e, antes de virar essa bolinha espinhuda, ele é uma larva com braços!
- A pequena larva nada por várias semanas e, depois, se fixa em uma pedra, no fundo do mar ou em uma alga.
- Quando escolhe esse lugar, ela se transforma no ouriço. A partir daí, os ouriços-do-mar vivem presos nessa superfície ou se locomovem bem pouco, mas muito lentamente, movendo seus pés e seus espinhos.
- Seus pequenos pés são como os das estrelas-do-mar.

S.O.S. ouriço-do-mar

A principal ameaça para os ouriços-do-mar é a poluição gerada pelo homem. Quando uma região é poluída, o ouriço-do-mar é um dos primeiros animais a perceber isso.

Hora do lanche

Boca grande e pouco dente

- O ouriço-do-mar gosta de comer algas e algumas espécies comem até animais mortos.
- A boca dele fica virada para baixo e é bem grande. Os ouriços possuem cinco dentes, que usam para raspar o alimento, como algas que ficam grudadas nas rochas.

Você sabia?

No Brasil é possível encontrar diferentes tipos de ouriços-do-mar nas pedras do litoral. Muita gente acaba se machucando com seus espinhos quando sobe nessas pedras e pisa em um ouriço.

O ouriço-do-mar não tem orelhas nem olhos. Ele percebe o ambiente com seus pés, que são muito sensíveis.

PEIXE-LEÃO

Apesar de sua beleza, o peixe-leão tem se tornado uma ameaça para o equilíbrio ecológico dos corais do oceano Atlântico.

Leão ou zebra?

O peixe-leão é listrado e, por isso mesmo, também é chamado de peixe-zebra. Ele acaba ficando quase invisível nos corais, porque as cores de seu corpo são parecidas com as do lugar em que vive.

Onde encontrar

- O peixe-leão vive nos oceanos Pacífico e Índico e gosta de morar em corais ou lugares rochosos.

- Durante o dia ele fica escondido entre as pedras ou em buracos. Quando chega a noite, o peixe-leão sai para caçar.

O peixe-leão também arma emboscadas, aguardando os peixes pequenos passarem para abocanhá-los.

Perigo importado

- Os peixes-leão não existem na costa brasileira, mas são os que mais provocam acidentes em nosso país. Como isso é possível? É que, por serem muito bonitos, os brasileiros adoram criar esses peixes em aquário. Os acidentes acontecem quando as pessoas vão cuidar do aquário e esbarram nos espinhos venenosos desses peixes!

- Alguns criadores soltam seus peixes no mar. E isso não é bom! Quando o peixe-leão vai para um lugar onde ele não existe naturalmente, torna-se um invasor agressivo e come tudo o que vê pela frente.

- Como não existe um predador capaz de atacá-lo nesses lugares, o número de peixes-leão aumenta cada vez mais... Aí, ele vira uma praga, porque extermina os outros tipos de vida dessas regiões.

Cuidado com o espinho!

- O peixe-leão é parente do peixe-escorpião e, assim como ele, possui espinhos e veneno.

- O peixe-leão é um dos animais marinhos mais venenosos. Ele é muito bonito, mas nem um pouco mansinho... Usa o veneno para espantar quem chegar perto demais.

- Um peixe-leão vive até 15 anos e, quando adulto, normalmente mede cerca de vinte centímetros, mas pode chegar a até 38 centímetros de comprimento. Eles pesam no máximo duzentos gramas.

Hora do lanche

Que bocão!

- O peixe-leão come outros peixes e crustáceos, que caça de um jeito especial. Quando ele encontra sua presa, abre as nadadeiras e vai atrás dela.

- Quando o peixe perseguido não tem mais para onde fugir, o peixe-leão abre bem a boca e engole tudo de uma vez! Sem morder nem mastigar... E olha que ele engole peixes e crustáceos com até metade do tamanho dele!

- Se algum peixe não couber na boca, o peixe-leão convive tranquilamente com ele. É mais ou menos assim: se não é comida, pode ser amigo...

- Além de engolir a comida de uma vez, os peixes-leão comem muito! Eles são capazes de devorar até vinte peixes pequenos em menos de trinta minutos.

PEIXE-PALHAÇO

Cores e mais cores

- Existem algumas espécies de peixe-palhaço. Todas são muito coloridas e chamam a atenção. Podem ter o corpo em diferentes tons de laranja e vermelho-ferroso, com listras brancas ou azuladas, que são contornadas por um fio negro.

- Famoso pela animação *Procurando Nemo*, o peixe-palhaço tem esse nome por causa de seu colorido chamativo e, também, do seu jeito de nadar, meio desajeitado e torto.

- Existem peixes-palhaço de diferentes tamanhos, variando de cinco a 11 centímetros de comprimento.

- Os peixes-palhaço são calmos e pacíficos. Eles vivem em grupos de vários machos e com uma fêmea dominante, que manda no grupo.

Onde encontrar

- Os peixes-palhaço vivem nas regiões tropicais e subtropicais do mar e preferem as águas nem quentes nem frias demais.

- Eles gostam de morar em recifes de corais, onde existe muito lugar para se esconder. Seu esconderijo predileto é entre os tentáculos das anêmonas! Moram dentro delas e criam seus filhotes ali.

Os peixes-palhaço possuem um muco que cobre todo o corpo e o protege do veneno das anêmonas.

Você sabia?

- Quando nascem, os peixes-palhaço são sempre machos. Aí, se a fêmea dominante do grupo morre, um deles muda de sexo e vira fêmea.

- O peixe-palhaço-de--sela-vermelha é o único dessa família que não tem listras no corpo depois que fica adulto.

Cuidado, pode queimar!

A ponta dos tentáculos das anêmonas pode queimar e paralisar os peixes. Depois que fazem isso, as anêmonas comem os peixes imobilizados. Por esse motivo, geralmente os outros peixes ficam longe das anêmonas e os pequenos peixes-palhaço encontram sossego e proteção em meio a esses tentáculos perigosos.

Hora do lanche

Dividem tudo!

- Os peixes-palhaço comem plânctons, larvas, camarões, pequenos peixes e os parasitas que atacam as anêmonas.

- Algumas vezes, eles roubam alimento da boca de sua protetora. Mas, outras vezes, trazem comida para o alcance dos tentáculos dela ou deixam restos para ela comer. E, assim, a boa convivência é mantida.

© David Doubilet/ National Geographic Society/ Corbis/ Latinstock

A convivência harmoniosa e cooperativa entre o peixe-palhaço e a anêmona é chamada de protocooperação. As duas espécies vivem bem sozinhas, mas se beneficiam mutuamente ao viverem juntas.

POLVO

Parente dos caramujos

- Os polvos, assim como os demais moluscos, têm o corpo mole e não possuem ossos.

- Todos os polvos possuem oito tentáculos, e em cada um deles há duas fileiras de ventosas, chegando a ter 2 mil delas!

Sem poluição!

- Os moluscos precisam de muito oxigênio para viver. O homem só usa 7% do oxigênio que chega aos pulmões. Os moluscos usam 98%, ou seja, quase todo oxigênio que respiram.

- A poluição pode afetar muito esses animais, pois diminui o oxigênio da água e aí fica muito difícil para eles respirarem.

Visão noturna

- Os polvos não escutam, mas sentem cheiro e enxergam muito bem.

- Eles conseguem identificar cores e até veem no escuro. A visão deles é melhor do que a nossa.

- Os polvos sentem cheiro com a ponta dos tentáculos. Eles também sentem o gosto de tudo o que tocam com os tentáculos.

Eita filharada!

- Os polvos nascem de ovos colocados nos espaços entre as pedras do fundo do mar. Algumas espécies conseguem botar 200 mil ovos de uma vez!

- Quando nascem, os bebês já têm a forma de polvos, mas são bem pequenos e frágeis. Um polvo costuma viver de três a cinco anos.

© Age fotostock/ Easypix

Os polvos e as lulas fazem parte de um grupo conhecido como cefalópode, que significa "pés na cabeça".

Hora do lanche

Vai um tentáculo aí?

Polvos comem várias coisas diferentes: peixes, crustáceos, animais sem ossos e até outros polvos!

De todos os tamanhos

- O tamanho dos polvos varia muito de uma espécie para outra. Existem polvos que pesam três quilos e outros que chegam a quarenta.

- Há polvos que medem apenas alguns centímetros. O mais comum é eles alcançarem até três ou quatro metros.

- Em 2003, foi encontrado no Chile um polvo gigante com mais de 12 metros e 13 toneladas! Ele era tão grande que até pensaram que fosse uma baleia!

- Esses animais são muito raros, mas no oceano Pacífico também vive outro polvo gigante, que chega a ter nove metros de comprimento e a pesar 250 quilos! Ele é muito inteligente e costuma disfarçar a entrada de suas tocas com as cascas dos crustáceos que devora.

O polvo-mímico da Indonésia muda de cor e de forma para imitar animais como a moreia, o peixe-leão e a cobra-do-mar. A camuflagem deles é tão perfeita que eles mudam até a textura da pele para parecer algas ou pedras.

Mestre dos disfarces

- Os polvos são chamados de camaleões do mar, pois conseguem mudar de cor em menos de meio minuto. Eles fazem isso para se camuflar no ambiente em que estão ou para se comunicar com outros polvos.

- Além de serem capazes de mudar a cor, alguns polvos mudam de forma para se disfarçar. Na Indonésia, existem polvos que pegam cascas de coco e carregam consigo, deixando só dois tentáculos para fora. Quando querem aumentar o disfarce, entram no coco e saem rolando no fundo do mar.

- Outros polvos, que são do tamanho de uma noz, possuem tentáculos modificados e parecem algas. Eles levantam os tentáculos e ficam lá, parados, disfarçados de alga. E, se precisam fugir, não desmontam o disfarce, não. Só esticam dois tentáculos para se mover, enquanto os outros continuam fingindo que são algas!

Você sabia?

- O polvo também é parente da lula, mas, apesar de serem parecidos, existem algumas diferenças entre eles.

- O polvo tem oito tentáculos, não possui concha e sua cabeça é arredondada.

- A lula tem dez tentáculos, sua cabeça é comprida e pontiaguda, e possui uma concha interna atrofiada, vestígio de seus ancestrais.

Lar, doce lar

- Quando os polvos escolhem um lugar para morar, costumam viver ali enquanto for possível. Só mudam de toca se crescerem demais e não couberem mais na antiga moradia.

- Ah, e se algum outro polvo tenta roubar sua casa, aí tem briga feia. E sempre acaba com o maior comendo o menor!

- Normalmente os polvos gostam de viver sozinhos.

Olhar e aprender

- Na Itália fizeram uma experiência: num aquário foram colocados polvos e balões vermelhos e brancos. Quando os polvos atacavam os balões da cor certa recebiam comida, quando escolhiam o balão da cor errada levavam um choque. Em quatro rodadas, esses polvos aprenderam qual balão atacar.

- Acontece que, num aquário ao lado, durante todo o tempo, havia polvos só observando o que os colegas faziam. Aí, quando os balões foram colocados no aquário deles, sabiam exatamente qual atacar para ganhar o prêmio. Aprenderam só de ficar olhando o outro aquário.

Rapidinho e cabe em qualquer lugar

- Todo polvo consegue encolher o corpo e se contorcer muito. Assim, entram em buracos bem menores que eles. Para ter uma ideia, um polvo de mais de quatro metros consegue entrar num buraco de dez centímetros!

- Os polvos conseguem atingir a velocidade de quarenta quilômetros por hora! É difícil um animal marinho alcançá-lo. Por isso, quase sempre ele consegue escapar de seus predadores.

- Se um polvo é atacado e um de seus braços é preso pelo caçador, ele consegue soltar o tentáculo e sair nadando sem ele. Depois, outro braço cresce no lugar daquele que virou comida de alguém.

Você sabia?

- Existe um polvo que mora na escuridão da zona abissal, no oceano Atlântico. Suas ventosas acendem como um vaga-lume! Essas ventosas não servem para grudar nas coisas, apenas para iluminar e atrair comida.

- Os polvos possuem três corações. Dois oxigenam o sangue e o terceiro bombeia o sangue com oxigêncio para o corpo.

Os polvos ficam escondidos entre as rochas e, se forem descobertos, soltam um jato de tinta escura que confunde o invasor enquanto eles escapam rapidinho.

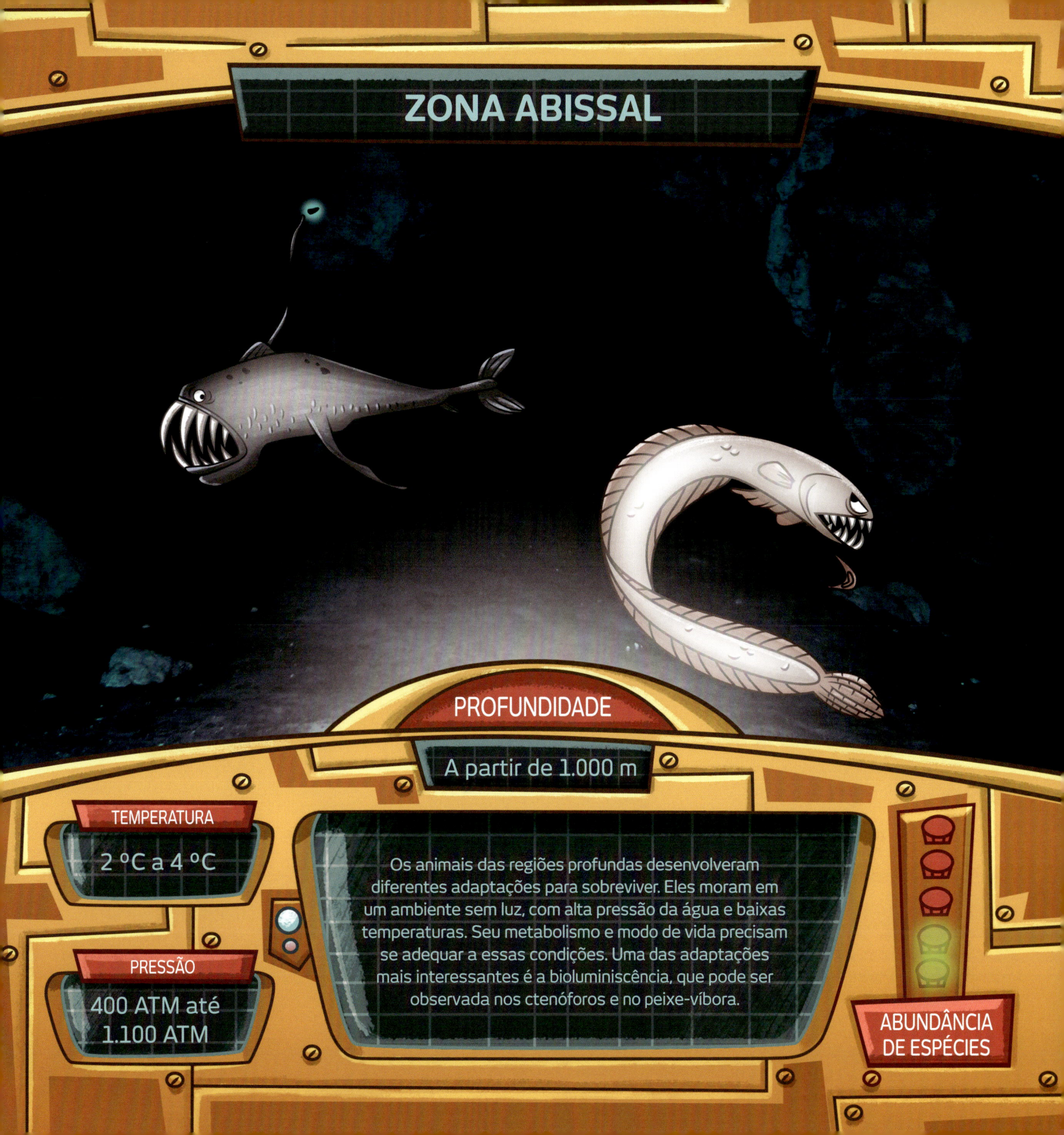

ZONA ABISSAL

PROFUNDIDADE
A partir de 1.000 m

TEMPERATURA
2 °C a 4 °C

PRESSÃO
400 ATM até 1.100 ATM

Os animais das regiões profundas desenvolveram diferentes adaptações para sobreviver. Eles moram em um ambiente sem luz, com alta pressão da água e baixas temperaturas. Seu metabolismo e modo de vida precisam se adequar a essas condições. Uma das adaptações mais interessantes é a bioluminiscência, que pode ser observada nos ctenóforos e no peixe-víbora.

ABUNDÂNCIA DE ESPÉCIES

CTENÓFOROS

- Os ctenóforos são muito parecidos com as águas-vivas; seu corpo é mole e transparente na maioria das espécies.
- Podem ter formatos bem diferentes: semelhantes a uma carambola, a uma fita e até a um cogumelo!
- Eles podem medir milímetros ou chegar a mais de um metro de comprimento.
- Os ctenóforos vivem na coluna d'agua, mas algumas espécies podem viver nas regiões profundas, a mais de mil metros de profundidade.
- Eles têm oito fileiras de cílios que se juntam na parte de baixo e que se assemelham a pentes – daí seu nome do grego "ktenes" (pentes) e "ophora" (transporte). Ao agitar esses cílios, eles se locomovem.
- Os ctenóforos são capazes de emitir luzes coloridas, ou seja, são bioluminescentes.
- Eles se alimentam de zooplâncton e até de outros ctenóforos.

LULA-GIGANTE

- A lula-gigante pode chegar a 18 metros de comprimento e pesar quinhentos quilos.
- Ela habita o oceano Atlântico e seus olhos são do tamanho de bolas de futebol.
- Cada um dos seus dez tentáculos mede mais de dez metros de comprimento! Ainda bem que ela vive lá no fundo do mar, não é? Ah, ela é a comida predileta das baleias cachalote.
- Não é fácil ver uma lula-gigante, mas mesmo assim acredita-se que sejam animais numerosos nas regiões profundas, já que as baleias cachalote precisam se alimentar de muitas lulas por dia.

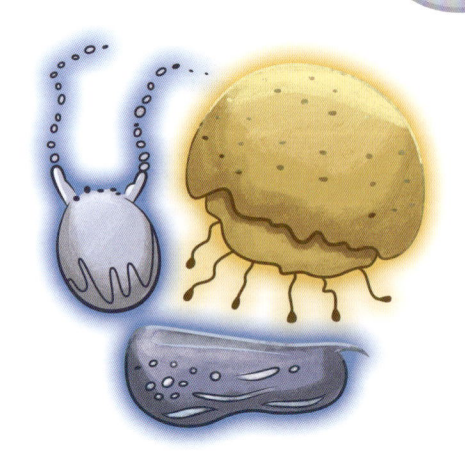

Você sabia?

- A maioria dos seres abissais consegue produzir sua própria luz. Esse fenômeno é chamado de bioluminescência e é muito parecido com o que acontece com os vaga-lumes.
- Como é muito escuro em toda a zona abissal, grande parte dos peixes que vivem lá é cega, apesar de ter olhos grandões.
- Também existem peixes que possuem os olhos voltados para a frente e que, no lusco-fusco, enxergam até vinte vezes melhor do que os nossos olhos.

PEIXE-DRAGÃO

O peixe-dragão é um dos mais conhecidos da zona abissal. Ele tem um filamento embaixo do "queixo" que fica se remexendo como se fosse um verme e ainda brilha na escuridão. Os outros peixes acabam achando que é comida, vão atrás da luz e acabam virando refeição.

PEIXE-FITA

- O peixe-fita, também conhecido como peixe-remador, chega a 17 metros de comprimento e 46 quilos.

- Dos peixes que possuem ossos, o peixe-fita é o mais comprido. Ele é tão comprido que a lenda da gigantesca serpente do mar pode ter surgido por causa dele.

- O peixe-fita come peixes pequenos e é uma das presas favoritas dos tubarões.

PEIXE-VÍBORA

- O peixe-víbora tem uma boca enorme e dentes pontudos tão grandes que nem dentro dela cabem.

- Esses dentes que mais parecem agulhas afiadas servem para evitar que os peixes capturados fujam antes de serem engolidos. O peixe-víbora tem luz dentro da boca, o que atrai a presa diretamente para lá e, então, ela acaba aprisionada como se fosse uma gaiola.

- Ele é um dos predadores mais vorazes da zona abissal e vive a uma profundidade de 2,5 mil metros.

- Quando adulto, o peixe-víbora atinge só 25 centímetros de comprimento. É pequeno, mas assustador, exceto para as as águas-vivas que têm esse peixe em sua dieta.

Você sabia?

- Quase não existem algas na zona abissal e, para sobreviver, a maioria dos peixes come uns aos outros.

- Como a comida é pouca, é bem comum os peixes terem dentes enormes e afiados, capazes de pegar qualquer coisa que se mexer nas redondezas.

- Alguns deles têm boca e estômago preparados para devorar presas com o dobro do seu próprio tamanho.

POLVO-DUMBO

- Ele até que é bonitinho se comparado à vizinhança da zona abissal! Suas orelhas, na verdade, são barbatanas, como as dos tubarões. Provavelmente, no passado, elas eram tentáculos que se modificaram com a evolução e, hoje, ajudam o polvo a nadar para cima e para baixo.

- Os polvos-dumbo atingem até 1,5 metro de tamanho, mas há uma espécie que só tem vinte centímetros.

- Esses polvos são bem raros e vivem no fundo do oceano, de 3 mil a 5 mil metros de profundidade.

QUIMERA

- A quimera é parente dos tubarões e das arraias e parece que foi formada juntando partes de vários outros animais. Ela possui apenas seis dentes, não tem escamas e é venenosa.

- Existem várias espécies de quimera e a maioria delas vive na zona abissal, onde raramente são vistas. As maiores atingem 1,5 metro de comprimento.

- As quimeras comem moluscos, vermes, ouriços e estrelas-do-mar, mas se encontram um bicho morto pelo caminho também o comem.

Hora do lanche

Como se come nas profundezas?

- Como a comida na zona abissal é rara, muitos peixes dessa zona vão nadar em águas mais rasas quando chega a noite. Lá eles apanham plânctons em recifes de corais.

- Alguns animais, como o peixe-dragão, possuem uma espécie de isca no corpo. Graças a ela, atraem outros peixes menores que estão à procura de comida para devorá-los.

- Há vários outros métodos de se alimentar nas profundezas. Por exemplo, a maioria dos ctenóforos possui um par de tentáculos com células especiais para a caça chamadas coloblastos, que produzem um muco usado como cola para grudar suas presas.

COMO PODEMOS AJUDAR?

Agora que você já conhece melhor a riqueza da vida marinha e a importância das espécies para manter o equilíbrio do meio ambiente, seja um protetor dos oceanos e dos mares tendo atitudes como estas:

- **Não deixe uma trilha de sujeira** – Nunca jogue o lixo no chão nem esqueça nada na areia da praia.

- **Use menos carro** – O aquecimento global traz consequências também aos habitantes dos oceanos, e a emissão de gases de efeito estufa pelos automóveis é umas das maiores causas. Além disso, a gasolina vem do petróleo. Sua extração causa grandes impactos aos mares, além de danos aos animais marinhos quando acontecem vazamentos.

- **Alimentação sem extinção** – Não se alimente de animais ameaçados de extinção e procure conhecer como eles foram pescados, buscando os selos de certificadoras que garantam que não houve danos a outros animais.

- **Cada um no seu hábitat** – Não devolva ao mar animais comprados em pet shops. Eles podem ser espécies invasoras na região e ameaçar os animais nativos.

- **Boca no trombone** – Cobre os governantes para que haja tratamento de esgoto e de resíduos industriais.

- **Chamando os amigos** – Que tal fazer um mutirão para remover o lixo da praia e uma campanha com os frequentadores sobre como todos nós podemos ajudar a cuidar dos mares e dos oceanos?

- **Pesquisando os animais marinhos** – Este livro traz alguns animais curiosos e interessantes, mas ainda há muito do mar a ser explorado. Você pode fazer seu próprio almanaque com animais diferentes dos que temos aqui!

A AUTORA

Rachel Marmo Azzari Domenichelli nasceu em 1984 e é uma aquariana que defende o meio ambiente até debaixo d'água.

Sempre amou tudo sobre bichos e natureza. Os passeios com a avó tinham como destino museus de animais e zoológicos.

Também sempre gostou muito da água. Quando ia à praia, achava o mar mais interessante, olhando com atenção aquelas "melequinhas" que saíam das conchas, tatuzinhos e siris que rapidamente se enterravam quando a onda voltava, e com sorte vendo cardumes com pequenos peixes.

Além do cuidado com os animais, percebeu o cuidado que deveríamos ter com o lugar onde vivemos, dedicando também algum tempo à areia da praia, principalmente coletando todo o lixo que era capaz para impedir que ele chegasse ao mar.

Devido a essa paixão pelos animais e pela natureza, tornou-se bióloga e hoje trabalha com educação ambiental, uma forma de lançar sementes que possam crescer e multiplicar esse amor por todos os seres vivos.

Ela acredita que a nossa responsabilidade com o planeta é muito grande e conhecer um pouco mais sobre os animais que dividem a Terra conosco é uma forma de nos sentirmos mais próximos e mais envolvidos com eles, que dependem do nosso compromisso para viver melhor.

Esta é a Rachel, abraçando um leão-marinho! A foto foi tirada no zoológico de Lisboa, em Portugal.